성공 화술 백서

성공 화술 백서

자신 있게 표현하고 부드럽게 설득하는 화술의 모든 것!

화술박사 윤치영 지음

책만드는집

프 · 롤 · 로 · 그

● ● ●

성공하는 사람은 스피치에 강하다

오늘날은 프레젠테이션을 잘하느냐 못하느냐가 그 사람의 능력을 평가하는 시대이다. 이른바 사회에서 성공했다고 평가되는 사람들을 보면 정말 프레젠테이션을 잘한다.

육군 대장 출신인 콜린 파월 미국 국무장관은 뛰어난 프레젠테이션 능력으로 오늘날의 성공을 이루어냈다. 그가 소령으로 베트남전에 파병되었을 때의 일화다.

군사령관 앞에서 전투 상황을 프레젠테이션할 기회가 왔을 때 그는 시각 자료와 스피치를 효과적으로 활용해 군사령관과 사단장에게 그 능력을 인정받았다고 한다. 그는 차트 위에 전투 상황을 표시하는 지도와 베트콩의 포진 상황, 아군의 전력과 인원 배치, 그리고 후방 보급 부대와의 연락 방법을 일목요연하게 준비했다고 한다. 그는 차트를 보지 않고 설명할 정도로 무기의 종류와 인원수는 암기해서 말했고, 질문에 대해서는 거침없이 답변했다고 한다. 그는 흑인이라는 불리한 여건에도 불구하고 이 성공적인 프레젠테이션으로 상관들의 주목을 받아 오늘날 국무장관에 올랐다. 일반적으로 능숙하게 말하는 능력을 갖는다면 다음과 같은 삶의 열매를 얻을 수 있다.

- 자신의 능력을 바르게 평가받는다.
- 남에게 인정받고 존경의 시선을 받는다.
- 매사에 자신감이 생기고 적극적으로 된다.
- 성격이 밝아지고 웃음도 많아진다.

그럼 반대로 생각해보자. 스피치나 프레젠테이션을 제대로 못 하는 사람의 이야기를 듣고 있는 다른 사람들은 속으로 그 사람을 어떻게 생각할까? 당연히 능력을 과소평가할 것이다. 물론 스피치가 전부는 아니지만 그것 때문에 자신의 능력을 바르게 평가받지 못할 수도 있다.

능력은 발표로 나타난다

현대인은 다수의 사람 앞에서 스피치해야 하는 상황이 매우 많다. 조리 있게 말을 못한다고 피해 갈 수는 없다. 여러 사람 앞에서 말을 잘 못한다고 면접을 안 볼 것인가? 경쟁자들은 자신 있고 당당하게 열변을 토하는데 한구석에서 말없이 기죽어 앉아 있는 자신의 모습을 그려봐라.

남에게 인정받는 것은 사회에서 성공하는 데 기본이다. 지금 사회는 아무리 배운 것과 기술이 많아도 자신의 생각을 체계화해 효과적으로 표현하지 못하면, 결국 다른 사람들에게 인정받지 못한다.

평소 학점도 좋고 책임감 있게 생활했다 하더라도 발표 불안증 때문에 각종 회의나 프레젠테이션에서 스피치를 효과적으로 하지 못한다면, 면접관이나 동료들은 당신의 능력을 인정해주지 않는다. 그들은 당신이 발표 불안증을 겪고 있는지조차 잘 모른다. 특히 면접관에게 그런 인상을 주면 능력이 없다는 것으로 인식되어 결국 경쟁 대열에서 밀려나게 된다.

요즘은 중소 회사들도 국내외에서 IR(기업 설명회) 혹은 PR의 목적으로 자사의 비즈니스와 비전을 알리는 프레젠테이션을 자주 펼치고 있다. 이러한 기회는 상품이나 기술의 가치뿐 아니라 회사의 이미지에 대한 평가를 도출해낸다는 점에서 아주 중요하다. 사업가나 회사 중

역들은 특히 이 기회를 효과적으로 연출해내야 한다. 또한 많은 사람에 대한 표현 기술이 부족하면 대내적으로 리더십을 제대로 발휘할 수 없을뿐더러, 대외적으로도 이미지가 실추되어 사업을 발전시키는 데 어려움을 겪게 된다.

이른바 인터넷 세대라고 불리는 신세대의 경우 자신의 의견을 잘 표현하는 경우가 많다. 그러나 컴퓨터나 휴대전화를 끼고 살다 보니 여러 사람 앞에 나서기를 싫어하는 비사교적 성향을 지닌 사람도 적지 않다. 또한 문자 통신을 많이 하다 보니 말로 하는 언어구사 능력이 떨어져 제대로 발표를 못해 면접을 볼 때나 취직 후에 어려움을 겪는 젊은이 역시 많다.

∷ 말을 잘하고 싶다면……

말을 잘하고 싶은 사람이 반드시 알아야 할 공식이 있다. 그것은 바로 '입심=관심+뱃심' 이라는 것이다.

유홍준 작가의 글 속에 조선시대 한 문인의 글이 인용되어 있는데, "관심을 가지면 사랑하게 되고 사랑하면 알게 되고 알면 보이나니 그 때 보이는 것은 전과 같지 않으리라"라는 내용이다. 세상의 모든 것은 다 사랑인 것이다. 사랑은 관심에서부터 출발한다. 관심은 관찰력이다. 관찰력을 갖게 되면 남다른 식견을 가질 수 있다. 그리고 뱃심이

다. "실수하면 어쩌나, 경험이 부족해서, 나는 말을 못하는데……" 하며 기회를 미루지 말고 용기를 내어서 뱃심으로 밀어붙이라는 말이다.

일본의 미쓰비시 자동차 회사는 지옥 훈련을 통과해야 진급을 시켜주는 것으로 유명하다. 참가자들은 복잡한 거리에서 스피치를 해야 한다. 공식적인 말하기에 필요한 담력은 후천적으로 길러야 한다. 동료, 직장, 사회에서 인정받기 위해 사람들은 화술에 높은 관심을 가지고 있다. '자기표현의 시대'라는 말도 있듯이 누구나 개성 있고 톡톡 튀게 자신을 표현해내고 싶어한다.

이 책은 필자가 그동안 스피치커뮤니케이션 분야에서 강의해온 내용과 써왔던 책들을 중심으로 대화 기법, 프레젠테이션, 강의, 연설, 토론 등 각종 생활 스피치(Life Speech)를 살펴보고 "대중 앞에서 당당하게 말하는 법", "자신을 잘 표현하는 법" 등에 관해 정리한 것이다. 모쪼록 이 책이 말 잘하는 사람이 성공하는 시대에 말을 잘하고 싶은 이들에게 도움이 되기를 기대해본다.

윤치영

C·O·N·T·E·N·T·S

● 프롤로그 005

제1장 자연스럽게 표현하기 · 뿌리내리기

01 스피치의 기본 자세 _____ 017
스피치는 모든 처세의 근본 017 | 듣는 자세 018 | 말하는 자세 021

02 자신감 갖기 _____ 024
두려움을 극복해라 025 | 생각하는 대로 이루어진다 026 | 공식 석상에서 자신감 갖는 법 029 | 긴장은 훌륭한 스피치의 선생이다 031 | 말 못하는 이유 033 | 크레이지 스피치 활용법 038 | 기억을 잘해야 두려움을 이긴다 043

03 이미지 트레이닝 _____ 048
첫인상, 왜 중요한가? 049 | 첫인상을 좋게 만드는 5가지 요소 051 | 표정 관리 056 | 좋은 인상을 위한 행동 지침 059

04 고정관념을 뒤집어라 _____ 064

고정관념은 깨도 아프지 않다 065 | 공식과 상식도 파괴하는 시대 066 | 남보다 '뛰어나게'가 아니라 남과 '다르게' 067

제2장 효과적인 스토리텔링 · 줄기 세우기

01 무엇을 말할까? _____ 073

어떻게 말할 것인가 074 | 말감 선택 요령 076 | 분위기에 맞는 화제를 선택해라 078 | 사실에 느낌을 담아라 079 | 생각의 줄거리를 잡아서 말해라 080 | 스피치의 프로와 아마추어의 차이 082 | 핵심 잡아 느낌 그대로 말하기 083

02 효과적인 스피치 구성과 표현 방법 _____ 085

단계별 스피치 구성법 088 | 메시지 전달 092 | 이야기 구성법 096 | 구체적인 표현 방법 098 | 스피치의 다양한 수사법 100 | 효과적인 말하기 실전 기법 103

03 감성 스피치 _____ 108

감성지수를 높여라 109 | 감성의 리더십으로 무장해라 111 | 감성 스피치를 위한 스토리텔링 커뮤니케이션 115 | 감성적 스피치의 소구 방법 118

04 유머 스피치 _____ 127

유머 감각을 키워라 129 | 유머리스트가 되어라 135

05 대중 스피치 _____ 138

대중 스피치의 자세 139 | 청중 분석 141 | 청중을 움직이기 위한 대중 스피치 143 | 청중의 관심을 끄는 법 146 | 대중 스피치의 실전법 148 | 성공적인 대중 스피치를 위한 음성 수련 157 | 음성을 효과적으로 이용하는 법 160

제3장 마음과 마음이 통하는 커뮤니케이션 · 열매 맺기

01 프로페셔널한 스피커의 조건 _____ 169

프로페셔널 스피치 요령 170 | 명웅변가들의 스피치 비결 175 | 언어 12계명 178

02 커뮤니케이션의 5가지 기술 _____ 181

스트로크(Stroke) 183 | 레이블링(Labeling) 184 | 말하기(Speaking) 185 | 경청(Listening) 186 | 질문(Question) 188

03 교육 훈련 유형과 기법 _____ 189
강의 189 | 토의 192 | 회의 198 | 인터뷰 209 | 언론 홍보 214

04 강의의 실제 _____ 219
강의의 시작 222 | 강의의 전개 227 | 강의의 종결 236 | 강의의 기법 236

05 성공적인 프레젠테이션 법칙 _____ 249
프레젠테이션 시의 주요 문제점 250 | 클라이언트를 내 편으로 만드는 프레젠테이션 법칙 254 | 반드시 알아야 살아남는 PT 기법 263

● 에필로그 266

성공 화술 백서

자연스럽게 표현하기
— 뿌리내리기

가장 훌륭한 스피치는 만들어 말하는 것이 아니라
마음에서 우러나는 내면의 소리를 표현하는 것이다.

01 스피치의 기본 자세

● ● ●

가장 훌륭한 스피치는 자연스럽게 말하는 것이다. 자연스럽게 말하고 확실하게 설득해라. 그러기 위해서는 우선 남의 말을 경청해야 한다. 대화의 기본은 듣는 것이다. 그리고 평소 바르고 정확하게 말하는 습관을 가져라.

스피치는 모든 처세의 근본

스피치는 모든 처세의 근본이다. 말하는 훈련은 자신의 이미지를 높이고 세련되고 매끄러운 처세를 가능하게 한다.

우리는 말하는 생활 속에서 여러 가지 문제에 부딪치게 된다. 효과적으로 말하거나 들을 줄 모르고 자기주장만 내세우고 상대의 말은 들으려 하지 않는다거나, 감정을 앞세운 거친 말을 많이 한다거나, 사석에서는 말을 잘하는데 공석에서는 말을 할 줄 모른다거나, 생각한 내용을 제대로 표현하지 못한다거나, 이야기가 논리적으로 전개되지 않는다거나, 연단에 서면 두려움이 앞서는 등의 문제다. 그렇다면 이같은 문제를 어떻게 풀어나가야 할까?

우선 누구에게, 무엇을, 어떻게 말할 것인가를 염두에 두어야 한다. 그 방법은 다음과 같다. 관심을 끌게 말한다. 흥미 있게 말한다. 논리적으로 말한다. 사실을 토대로 말한다. 꾸며낸 음성이 아닌 자연스런 목소리로 말한다. 목적을 뚜렷이 하고 말한다. 상대방을 정확히 안 뒤에 말한다. 감명을 주는 내용을 가지고 말한다.

이렇게 말할 수 있도록 훈련을 쌓아야 한다.

∵ 듣는 자세

같이 있으면 편안한 사람이 있는가 하면 왠지 불편하거나 껄끄러운 사람이 있다. 같은 말이라 해도 상대방의 마음을 헤아려서 편안하게 하는 사람이 있는가 하면 상대방의 기분은 아랑곳하지 않고 자기 기분 내키는 대로 하는 사람이 있다.

대인 스피치는 1 대 1로 이루어지는 것이기 때문에 상호 간의 원활

한 감정 교류가 매우 중요하다. 무엇보다 필요한 것은 서로를 배려하고 존중하는 마음이다. 이러한 마음이 바탕이 되지 않고서는 진심과 정성이 담긴 대화를 나눌 수 없다.

어떤 사람을 상대로 하든 쉽게 이야기를 잘하는 사람이 있다. 그런데 말을 잘한다고 해서 누구나 인간관계에 성공하는 것은 아니다. 인간관계에서 가장 중요한 것은 서로를 신뢰하는 마음이며, 이것은 대인 스피치에서도 마찬가지다. 정직하고 진솔한 태도로 상대에게 믿음을 주는 것이야말로 성공적인 대인 스피치를 위한 첫걸음이다.

1 대 1 대화를 함에 있어 또 한 가지 중요한 것은 상대방의 말을 잘 들어주는 것이다. 흔히 대화를 잘하는 사람이 말을 잘한다고 생각하기 쉬우나, 사실은 남의 말을 잘 들어주는 사람이 대화를 잘하는 사람이다. "사람을 움직이는 가장 중요한 무기는 입이 아니라 귀다"라는 말이 있다. 자신의 말을 잘 들어주는 사람에게는 누구나 마음을 열고 다가가게 되어 있다.

자신의 마음은 안으로 꽁꽁 감춘 채 남의 말만 들으려고 하는 자세는 좋지 않다. 이야기를 하는 사람은 자신이 한 말에 대해 상대방이 어떻게 생각하는지 궁금하게 마련이다. 그런데 상대방이 아무 말도 하지 않고 그저 묵묵히 듣고 있기만 한다면 약간 불안한 마음이 들면서 '앞으로 이 사람과는 진지한 이야기는 하지 말아야겠다'라고 생각하기 쉽다. 따라서 대인 스피치를 할 때는 상대방의 말을 잘 들어줌과 동시에 자신도 솔직하게 드러내야 한다. 이야기를 매끄럽게 이끌어가기 위해서는 상대방의 말에 적당히 맞장구치면서 계속 다음 말이 이어지도록 유도해야 한다. 물론 맞장구칠 때는 상대방의 흥을 깨지 않도록 주의해야 한다.

맞장구를 잘 쳐주면 처음에는 내켜하지 않았던 사람도 결국 활기를 띠면서 대화를 나눌 수 있게 된다. 반대로 상대방이 이야기에 열을 올리고 있을 때는 소극적인 반응을 보이는 것이 좋으며, 경우에 따라서는 말없이 눈으로만 긍정하는 태도를 보이는 것도 괜찮다. 중간에 괜히 자신의 감상을 이야기해서 맥을 끊어놓으면 상대방은 완전히 흥이 깨져서 계속 이야기하고 싶은 기분이 사라지기 때문이다. 적절한 맞

 **듣는 자세의 기본**

- 시선은 상대방 눈의 약간 아래에 둔다.
- 편안한 자세를 하되 손이나 다리를 꼬지 않는다.
- 가끔 상대 쪽으로 몸을 기울인다. 너무 많이 기울이는 것은 좋지 않고, 자연스럽게 맞장구를 치면서 살짝만 기울인다.
- 시선을 자주 마주친다. 치켜뜨거나 노려보는 것은 실례가 되므로 상대의 눈을 부드럽게 쳐다본다.

장구는 스피치를 매끄럽게 진행시키기 위한 윤활유로서 그때그때 분위기와 상황에 맞게 하는 것이 좋다.

말하는 자세

❶ 상대방의 입장에서 말해라.

말을 한다는 것은 생활 가운데 가장 기본이 되는 것이다. 말이 자연스럽게 잘 풀리면 마음도 밝아지고 활기가 넘친다. 대화가 잘 되지 않는 가장 큰 원인은 대부분의 사람이 자기중심적으로 생각하기 때문이다.

대인 스피치에 있어서 말하는 자세의 기본은 우선 상대방의 이야기를 충분히 들은 다음에 자신의 이야기를 하는 것이다. 따라서 대화를 할 때는 말하는 사람의 상태를 파악하는 것이 중요하다.

대화를 하기 전에는 우선 상대방이 이야기하고자 하는 내용에 대해 조금 알고 있는가, 많이 알고 있는가, 아니면 전혀 모르고 있는가 하는 점을 미리 확인해야 한다. 혹은 자신이 주장하려는 것에 관해 상대방이 비슷한 생각을 갖고 있는가, 전혀 다른 의견을 갖고 있는가 하는 판단도 필요하다. 또한 듣는 사람의 반응을 잘 읽어내는 것도 중요하다. 관심을 갖고 열심히 듣고 있는지, 별 관심 없이 시큰둥한지, 반감을 가지고 있는지 하는 것을 잘 살펴서 대화를 이어가야 한다.

자신의 기분이 저조하다고 해서 침울한 말투로 대화를 이어간다면 상대방의 호감을 기대하기 어렵다. 단 몇 마디의 말이라도 밝고 긍정적인 자세로 하는 것이 좋다. 필요 이상으로 자신을 낮추는 비굴한 태도, 경박한 태도, 거만한 태도 등은 듣는 좋지 않은 인상을 주므로 겸손하면서도 당당함을 잃지 않는 자세가 필요하다.

❷ 쉽고 정확하게 말해라.

대화를 나눌 때는 내용도 중요하지만 형식도 중요하다. 가장 중요한 것은 정확하게 말하는 것이다. 아무리 좋은 생각이나 의견이라도 상대방에게 정확히 전달되지 않으면 아무 소용이 없다. 정확하게 말하기 위해서는 무엇보다도 상대방의 이야기를 잘 듣는 것이 중요하다. 그리고 대화를 나눌 때는 주위의 다른 일에 신경을 빼앗겨서는 안 된다. 대인 스피치에서 말썽이 일어나는 경우의 대부분은 잘못 듣고 잘못 말한 데서 비롯되는데, 이러한 말썽을 방지하기 위해서는 주의를 집중해서 정확하게 듣고 정확하게 말하는 습관이 필요하다.

정확하게 말하기 위해서는 우선 발음이 정확해야 한다. 또한 어려운 말보다는 쉬운 말을 사용해야 한다. 특히 전문 용어, 외국어, 학술 용어 등은 일반적인 스피치에서는 가능한 한 사용하지 않는 것이 좋다.

가끔 자신도 무슨 뜻인지 모르면서 어려운 미사여구를 동원하는 사람이 있는데, 이런 사람처럼 딱해 보이는 사람도 없다. 말은 자신을

표현하기 위한 도구지 과시하기 위한 도구가 아니다. 상대방의 입장을 고려해 쉽고 정확하게 내용을 전달하려는 자세야말로 상대방의 호감과 신뢰를 얻을 수 있는 가장 좋은 방법이다.

❸ **말을 가려서 해라.**
같은 내용도 말하는 방법에는 여러 가지가 있을 수 있다. 때에 따라서 꼭 해야 될 말이 있는가 하면 절대로 해서는 안 될 말이 있다. 말은 습관이다. 따라서 평소에 말을 가려서 하려는 마음가짐이 중요하다.

02 자신감 갖기

사람들이 걱정하는 일의 대부분은 아직 일어나지 않은 미래의 일이라고 한다. 그러면 아직 일어나지도 않은 일에 대해서 왜 걱정할까? 그것은 인간이 본능적으로 두려움과 공포를 가지고 있기 때문이다. 두려움은 부정적인 것만 바라볼 때 생겨나는 것이다.

두려움이 통제되지 않을 때, 절벽에 매달려 있거나 어둠에 혼자 갇혀 있는 것과 같은 공포가 온몸의 혈관에 뿌려진다. 이렇게 증식된 공포는 두려움에 대한 두려움 때문에 그 크기가 절정에 달한다. 하지만 두려움과 공포가 꼭 나쁜 것만은 아니다.

두려움은 막강한 창조의 힘이다. 모든 위대한 발명과 지성의 발전은 열악한 환경과 조건으로부터의 탈출을 의미한다. 어둠에 대한 공포는 전기의 비밀을 발견하도록 만들었다. 고통에 대한 두려움은 의학의 괄목할 만한 발전을 이루어냈다. 무지에 대한 두려움은 배움을 베푸는 거대한 기관을 건설하는 이유가 되었다.

사람이 공포에 대한 수용력을 잃어버린다면 성장하고 발명하고 창조하는 힘도 잃어버릴 것이다. 그래서 어떤 의미에서 두려움은 일상생활에 필요하며 또 창조하는 힘을 가진 존재이다. 그러나 우리는 비정상적인 공포가 정서의 파괴를 일으키고 심리적인 해를 불러일으킨다는 사실을 명심해야 한다.

∴ 두려움을 극복해라

❶ **왜 두려워하는지 자신에게 물어보아라.**

이러한 직면은 어느 정도까지는 우리가 힘 있게 살도록 만들어준다. 두려움은 회피해서는 치료할 수 없다. 두려움을 무시하고 공포를 억누르면 억누를수록 점점 더 우리 내면의 갈등은 깊어진다.

두려움 그 자체를 우리의 생각에 확대시키므로 이 두려움에 실제보다 상상의 요소가 많이 들어 있다는 사실을 알 것이다. 두려움 중 어떤 것은 그림에 그려진 뱀을 볼 때 일어나는 발작과 같이 드러날 것이다. 항상 공포는 상상력을 잘못 쓴 결과로 나타난다는 사실을 기억해라. 우리가 두려움을 밖으로 끄집어내어 공개할 때 두려움에 대해 웃을 수 있고 이것이 우리에게 약이 될 것이다.

② 두려움은 '용기'로 극복할 수 있다.

플라톤은 용기를 이성과 욕망 사이의 균열을 이어주는 영혼의 한 요소라고 생각했다. 아리스토텔레스는 용기를 사람의 본질적인 품성의 하나인 '확신'으로 보았다. 토마스 아퀴나스는 용기는 지고 지선을 달성하는 것을 위협하는 어떤 것이라도 정복할 수 있는 '마음의 힘'이라고 말했다. 이 모든 말을 종합해볼 때 용기는 두려움을 극복할 수 있는 힘이다.

③ 공포는 '사랑'으로 다스려진다.

우리는 다른 사람이 나보다 뛰어나다는 사실을 두려워하고 실패와 비난을 두려워한다. 시기, 질투, 자신감 결여, 정서적 불안, 끊임없는 열등감은 모두 두려움에 그 뿌리를 두고 있다. 어머니의 품에 안겨 곤히 잠든 어린아이를 떠올려 봐라. 그 아이에게 두려움이나 공포가 있을까? 사랑이 두려움을 내쫓는다.

∴ 생각하는 대로 이루어진다

유명한 테너 가수 카루소는 한때 무대 공포증에 시달린 적이 있었다.

언젠가 무대에 올라갈 시간이 가까워오자 그는 강렬한 공포와 함께 목에 마비 증세가 오는 것을 느꼈다.

'내가 무대에 올라가면 모든 관객이 나를 비웃을 거야. 도저히 노래를 부를 수 없어.'

그러자 공포는 더욱 심해졌다. 얼굴에는 땀이 비 오듯 흘러내렸다. 무대에 서야 할 시간이 점점 다가올수록 쥐구멍이라도 있으면 당장 들어가고 싶은 심정이 되었다. 공포감은 좀처럼 가라앉지 않았다. 그는 스태프들 앞에서 이렇게 소리쳤다.

"도저히 노래를 못 부르겠습니다. 내 마음속에 있는 작은 내가 큰 나의 목을 조르고 있어요."

그러나 곧 마음을 고쳐먹은 카루소는 자기 안에 있는 작은 자신에게 소리쳤다.

"마음속의 작은 카루소야, 어서 내게서 떠나가라! 큰 카루소가 노래를 부르겠다고 하지 않느냐?"

그때부터 그의 잠재의식은 훌륭하고도 민첩하게 움직이기 시작했다. 마침내 그의 이름이 불렸을 때, 그는 극히 정상적인 걸음걸이로 무대를 향해 걸어 나가 그 어느 때보다 장중하고 매력적인 목소리로 청중을 매혹했다.

세계 최고의 동기부여가 폴 J. 마이어는 "당신의 마음속에 선명하게 그림을 그리고, 열렬히 소망하며, 깊이 믿고, 그것을 위해 열의를

가지고 행동하면, 어떤 일이라도 실현된다"라고 했다.

성공 철학자 나폴레옹 힐도 "생각하는 대로 이루어진다"라고 아주 짤막하게 이야기했다.

결국 잠재의식 활용법이란 아주 단순하다. 의식을 통해 상상하고 생생하게 그리는 것이 잠재의식의 움직임을 이끌어내는 통로가 된다. 즉 의식이 잠재의식 안으로 들어가는 것이다.

내가 문제이다. 타인이 나를 어떻게 생각할까란 강박관념에 사로잡히지 마라. 말을 잘하는 것도, 말을 많이 하는 것도 결국 남에게 나를 잘 보이기 위한 방편이라면 부질없는 생각이다. 내 마음이 편한 대로 말하고 교제하고 수다를 떨 수 있다면 그것이 바람직한 생각이다. 남에게 보이기 위한 말이나 행동은 불필요한 가식이다. 내가 나를 바꿀 수 있다.

긍정만 바라보며, 마음에 가득 믿음의 꽃밭을 만들자. 내 인생의 주인은 나다. 주저앉지 마라. 그대를 일으켜줄 사람은 그대 자신뿐이다. 문은 두드리는 자만을 기다리며, 두드리는 자만이 주인이 된다.

공식 석상에서 자신감 갖는 법

다른 사람 앞에서 말할 경우 긴장하거나 주눅이 들어 숨이 가빠지고 목소리가 잘 안 나오고 거칠게 되며 음성이 높아지는 것, 또는 말문이

막히고 상대의 눈을 못 마주치고 준비한 내용을 잊어버리는 것 등 이러한 모든 것을 공석公席 공포, 감정적 긴장 혹은 신경과민이라고 한다. 말하기에 있어서 가장 큰 장애는 이러한 공석 공포증이다.

학교에서 학생들을 교단에 세워 말을 시켜보면 학급에서 대여섯 명을 제외하고는 모두가 공석 공포증을 느낀다고 한다. 그런데 흥미 있는 사실은 공석 공포를 느끼지 않는 학생들은 대개가 의미 없는 이야기를 횡설수설 늘어놓는 경우가 많다는 것이다. 반면에 가치 있고 흥미로운 이야기를 잘한 학생들에게 물어보면 그들은 굉장히 공포를 느꼈다고 한다.

미네소타대학교 프랭클린 노우머 교수의 조사에 의하면 277명 중 61%가, 또 210명 중 56%가 말할 때 신경적인 흥분이나 공포증을 느낀다고 대답했다고 한다. 또 그린리프 교수의 조사에 의하면 1,172명의 자기반대 학생 중에서 61%는 아주 심하게, 45%는 보통으로, 35%는 약간 흥분했으며 오직 16%의 학생만이 아무런 흥분이나 공포를 느끼지 않았다고 한다. 고등학생의 조사에서는 74%가 연단 공포증을 느끼고 있으며 29%가 괜찮다고 말했다. 이러한 감정적 긴장은 위대한 인물들에게도 나타났는데, 다니엘 웬스터, 데모스테네스, 윈스턴 처칠 등도 모두 이러한 장애를 극복했다.

공석 공포는 일반적으로 새롭고 낯선 환경일 때, 말해야 할 내용에 대한 충분한 지식이 없을 때, 실패하지 않을까 하는 두려움을 가질 때, 열등감 및 성격상 결함이 있을 때, 그 외에도 청중의 심리적 반응을 잘못 해석할 때 나타난다.

또 어떤 근심 때문에 화자의 주의가 밖으로 향하지 않고 그 자신에게 집중되는 경우, 특히 그러한 말을 함으로써 공격이나 테러를 당하지 않을까 하는 두려움이 원인이 되는 경우도 있으며 자신의 말이 좋지 않게 평가되지나 않을까 해서 긴장하는 경우도 있다. 이러한 공포나 긴장을 없애는 가장 좋은 방법은 여러 사람 앞에 자주 섬으로써 경험을 쌓고 훈련하는 것이다.

긴장은 훌륭한 스피치의 선생이다

때로는 긴장 상태가 필요할 경우가 있다. 문제는 그런 긴장 상태에서 나오는 힘을 건설적으로 사용하느냐 아니면 파괴적으로 사용하느냐이다.

사람은 무엇인가 하지 않으면 안 될 일이 눈앞에 닥칠 때 긴장하는 것이 정상이다. 흔히 우리는 훌륭한 일을 하기 위해 성실하고자 한다든가 또는 양심적이 되고자 하면 할수록 그 만큼 더 걱정이 될 경우가 있다. 따라서 경험 있는 화자나 운동가들도 이와 같은 감정에서 벗어날 수 없다. 남의 주목을 받게 되거나 또는 동료들 앞에서 훌륭하게 보이기 위해 노력해야 할 상황에 있을 때, 그 상황을 훌륭히 타개하고

자 필요한 행동에 대해 신경을 쓰는 것은 아주 자연스러운 일이다.

단거리 선수인 멜파톤이 중요한 경주 출발 직전에는 사람들 앞에 얼굴을 보일 수 없을 만큼 흥분한다든가, 배우 알프레드란트가 극이 시작되기 직전에 비상하게 긴장한다든가, 경험이 풍부한 연설가 노먼 토머스가 연단에 서기 전에는 테이블을 중심으로 이리저리 서성인다는 것, 또 유명한 가수 마담 슈만 하이크가 음악회에서 노래를 부르기 전에 흥분하느냐는 질문을 받았을 때 "노래하기 전에 신경이 흥분하지 않는다면 그때는 내가 은퇴할 때이다"라고 말한 것 등은 신경 에너지는 모든 면에서 우리에게 유익한 것이라는 이야기를 하고 있다.

스피치에 자신을 갖는 법

- 자신에게 말할 만한 무엇이 있다는 것을 확신하는 한편 자기 자신에 대한 생각을 하지 마라.(나는 못할지도 몰라, 안 되면 어떡하지? 등)
- 주제에 대해 충분히 연구하고 사고 전개의 차례를 완전히 자신의 것으로 만들어라.
- 자기 자신의 답변의 중요성을 너무 과대평가하지 말고 그 모임과 분위기의 엄숙함을 너무 과장해서 생각지 마라.
- 큰 소리로 자주 연습하고 단 위에서는 몸의 동작을 담대하게 해라.
- 어려운 고비가 있더라도 중도에 포기하지 말고 끝까지 밀고 나가라.

그러나 우리가 유의해야 할 것은 먼저 뚜렷한 목적과 말할 내용을 가지고 충분한 준비를 해야 한다는 것이다. 이와 같은 정신을 갖추고 또 충분한 준비를 했는데도 연단 공포증이 없어지지 않을 때는 다음과 같은 방법을 취해보아라. 즉 자기 차례를 기다리면서 앉아 있다면 몸의 긴장을 풀고 현재 말하고 있는 사람의 말을 경청하자. 또는 천천히 규칙적으로 깊은 호흡을 하자. 그리고 말할 때는 자신의 태도나 말 등에 대해 너무 신경 쓰지 말고 청중이 어떤 생각을 하고 있을까에 대해 생각하자.

말 못하는 이유

"앉아서는 말을 잘하는데 사람들 앞에만 서면 말을 잘 못해서 고민입니다."

동료나 친구들과 생각나는 대로 이야기를 나누는 데는 아무 문제가 없는데 막상 멍석을 깔아주고 이야기하라고 하면 반벙어리가 된다고 고민하는 이가 의외로 많다. 필자도 예외는 아니었다. 그야말로 소심하고 내성적이어서 몇 명 앞에서라도 말을 하려면 얼굴이 화끈 달아오르고 말이 잘 나오지 않던 기억이 생생하다.

말 못하는 사람들의 유형은 다음과 같다.

❶ **체면이 깎이지 않도록 말해야 한다는 강박관념을 가지고 있다.**
　이런 사람은 대개 매우 권위적인 성격을 가지고 있다. 그리고 평소 비공식적인 자리에서는 생각나는 대로 함부로 말하는 습관도 가지고 있다. 그런 습관이 공식적인 자리에서도 드러날까 봐 지나치게 신중을 기하게 된다. 말 한마디를 하기 위해 너무나 많은 것을 걱정하고 고려하기 때문에 말하는 데 자신이 없어지는 것이다. 게다가 그동안 공식적으로 말할 기회가 그다지 많지 않아 그럴 때 어떻게 해야 할지 제대로 파악하지 못해 말하기가 더욱 두려운 것이다.
　이러한 유형의 사람은 사담을 나눌 때도 공식적인 자리처럼 조심성 있게 말하는 습관을 갖도록 노력하는 것이 좋다. 우리 속담에 "집에서 새는 바가지 밖에서도 샌다"라는 말이 있듯 사석에서 비속어를 자주 사용하거나 남을 험담하면 공식적인 자리에서도 그런 말이 튀어나오기 십상이다.

❷ **담력이 부족하다.**
　공식적인 말하기에 필요한 담력은 후천적으로 길러야 한다. 훈련 방법으로는 축구장이나 지하철 안처럼 사람이 많이 모인 곳에서 눈 딱 감고 자신의 생각을 큰 소리로 외치는 것이 있다. 처음에는 아주 큰 용기가 필요할 것이다. 그러나 일단 훈련을 마치고 나면 공식적인 자리에서 말할 수 있는 담력이 길러질 것이다.

❸ **매사에 완벽을 기한다.**

이런 유형은 다른 사람들과 일을 나누지 않고 독점하려는 의식이 강해 혼자서 하는 일은 완벽하게 잘하지만 막상 멍석을 깔아주면 지나치게 완벽을 추구하다가 낭패를 보는 경우가 많다. 완벽주의자는 체면이 손상되는 것을 매우 싫어한다. 때문에 한 번의 실수로 말하기에 대한 자신감을 영원히 잃어버릴 수도 있다. 그러나 여러 차례 실수를 경험함으로써 실수에 대한 두려움을 없애는 것도 중요하다.

❹ **"상대방이 나를 어떻게 평가할까?"란 생각 때문에 말문이 막힌다.**

그러나 사람들의 지적 수준이나 경험 정도는 엇비슷하다. 상대나 청중을 과대평가하지 말자. 무슨 얘긴들 못 할까? 그에 못지 않게 심리적으로 압박해오는 것은 틀리면 어쩌나 하는 두려움이다. 그 두려움이야말로 타인의 시선을 너무 의식하기 때문이다. 그러나 문장이 문법에 어긋나거나 약간 어색해도 뜻만 제대로 통하면 큰 문제는 없다.

텔레비전에 나오는 MC들의 말을 녹취해보면 문법에 어긋나는 문장이나 적절치 못한 표현이 수두룩하다는 걸 알 수 있다. 그러나 듣는 사람은 그 뜻만을 헤아리기 때문에 이러한 잘못을 쉽게 눈치 채지 못한다. 따라서 "틀리면 어떻게 하나" 하고 두려워 말고 자신 있게 표현하면 큰 문제는 없다.

❺ **혼자서 말하는 것에 심리적 부담을 갖는다.**

가만히 생각해봐라. 서로 주고받는 대화 중에는 긴장감이나 압박감이 없다. 그렇다면 대중 앞에서도 대화하듯 말하면 되지 않을까? 혼자 말하는 것에 부담을 느끼는 사람은 마치 아무도 없는 방 안에서 혼자 스피치를 하는 것처럼 자신만의 세계 속에서 스피치를 실행한다. 상대방에게는 도통 신경을 쓰지 않고 자신의 스피치에만 집중하는 것이다.

스피치는 일상적인 대화와 같이 듣는 사람과의 상호 작용 속에서 이루어져야 한다. 때론 질문도 던져가면서 마치 대화하는 것처럼 말이다. 한 마디 한 마디를 할 때마다 상대방의 반응을 구하고 그들의 반응에 적절하게 대응하는 스피치야말로 진정 통하는 스피치가 될 수 있다.

❻ **청산유수처럼 막힘 없이 말하려는 욕심이 있다.**

스피치 대본을 미리 작성해두고 표현 하나하나를 외워두려는 이면에는 "현장에서 표현을 생각해내려다 보면 당연히 더듬거리게 될 것"이라는 염려가 깔려 있다. 모든 표현이 반사적으로 튀어나올 만큼 달달 외워두면 막힘도 더듬거림도 없이 청산유수처럼 흘러나올 것이라 생각하는 것이다.

그러나 기계처럼 읊어대는 청산유수식 스피치는 결코 좋은 스피치가 아니다. 연사 자신에게나 청중에게 충분히 생각할 시간을 주면서 천천히 진행하는 스피치가 좋은 스피치이다. 표현이 잘 생각나지 않으면 더듬거릴 수도 있으며, 앞에 나간 표현이 적절치 못하다고 느끼면 수정해도 좋다.

스피치는 화려함을 생명으로 하는 쇼가 아니고 실속을 중요시하는 커뮤니케이션의 한 형태이다. 따라서 청중을 너무 지루하거나 답답하게 만들지 않는 한 간간이 말이 막히는 것은 별 문제가 되지 않는다.

❼ **준비한 내용을 다 발표하려는 고집이 있다.**

사람들은 흔히 "연습해둔 것이 잘 생각나지 않으면 어떡하지" 또는 "표현이 제때 떠오르지 않으면 큰일인데" 하고 걱정한다. 그래서 스피치를 가능한 한 자세하게 준비한 다음 표현 하나하나를 암기해두려고 노력한다. 스피치는 준비한 그대로 정확하게 발표해야 한다는 그릇된 믿음 때문에 벌어지는 일이다.

스피치는 준비를 필요로 하지만 준비한 것을 토대로 현장에서 실행하는 것이다. 핵심 명제나 주요 아이디어, 그리고 세부 내용 등 스피치 내용을 구성하는 본질적인 아이디어만 빠지거나 바뀌지 않으면 된다. 이들에 대한 세세한 표현은 얼마든지 바뀔 수 있으며 부연 설명 역시 바뀌어도 좋고 빠져도 좋다.

준비한 대로 전달되어야 할 핵심 명제나 주요 아이디어, 그리고 세부 내용은 실행 개요서에 기록되어 있기 때문에 잘 생각나지 않으면 참고하면 된다. 따라서 준비한 대로 정확하게 발표하겠다는 욕심을 버리고 자연스럽게 생각나는 대로 발표하겠다는 자세를 가져야 한다.

스피치를 하다 보면 준비한 내용 중 많은 것을 발표하지 못하는 경우도 있고, 표현도 준비해둔 것과 상당히 달라지는 경우도 있으며, 전혀 예상치 않았던 부분에서 많은 시간을 소모하게 되는 경우도 있다. 이런 일은 청중의 반응에 적응하고 상황에 따라 자연스럽게 스피치를 실행하다 보면 얼마든지 발생할 수 있다.

특히 스피치를 마치 훈계하듯 설교조로 말하려 하지 마라. 때론 외우지 못할 만큼 긴 인용문은 읽어도 좋다. 공백을 두려워해서 잡소리로 공백을 메울 정도로 서두르지 말고 시간적 여유를 가져라.

∴ 크레이지 스피치 Crazy speech 활용법

음치를 교정하기 위해 양동이를 쓰고 소리를 지르게 한다. 양동이를 쓰고 소리를 지르면 소리 지르는 사람이 자신의 목소리를 들을 수 있어 음을 스스로 컨트롤할 수 있게 된다.

마치 리양 선생이 한 번도 미국에 가지 않고도 4개월 만에 미국 사람처럼 정확한 발음의 영어를 익힌 학습법처럼 밀폐된 공간에서 좋은 문장을 소리 내어 읽는 연습은 최고의 효과를 가져올 수 있는 스피치

향상법이다.

힘을 다해 미친 사람처럼 일해 좋은 결과를 내는 사람을 "미친 듯이 잘한다", "신들린 듯이 한다"라고 표현한다. 일례로 무당은 작두 위에서도 춤을 춘다. 보통 사람으로서는 어림도 없는 일이다. 한마디로 신들린 상태가 아니고서는 도저히 불가능하다.

미친 사람만이 미칠 수 있다. 어떤 일에 신들린 듯 미친 사람이야말로 초인적인 업적을 내놓게 된다. 미친 듯 소리 내어 외쳐보자.

"바람아, 불어라! 신바람아 불어라! 내 온몸에서! 내 마음속에서! 신나게 불어다오!"

"아! 단 한 번밖에 없는 나와 여러분의 인생! 더불어 신바람 나게 살아봅시다."

"신나게 살아야 해! 신나게 신나게 살아간다면, 모든 일이 잘될 거야! 암 잘되지!"

"웃으니까 신나지요! 그리고 긍정적이고 적극적으로 살아보세요! 얼마나 재미납니까?"

"기분 좋구나! 신난다. 신나! 정말 신나! 춤이라도 춰볼까요? 여러분! 감사합니다!"

❶ **차 안에서 노래를 불러라.**
어쩌면 아주 괴상하게 보일지도 모르지만, 일단 해봐라! 차 안에서 제

일 좋아하는 노래를 틀어놓고 흥얼거리며 따라 해라. 그 다음엔 점점 더 크게 불러라. 숨을 크게 들이쉬고 목청껏 따라 불러라. 노랫소리가 듣기에 별로 좋지 않아도 창피해할 필요는 없다. 아무도 듣지 않는다. 규칙적으로 차 안에서 노래를 부르면 호흡기관의 근육이 풀려서 목소리가 또렷해진다. 그러면 다음에 말할 기회가 생겼을 때 호흡과 목소리가 아주 매끄러워진다. 또 노래를 부르면 기분이 좋아지므로 모든 일에 매우 적극적으로 임하게 된다.

❷ **집에서 1분짜리 연설을 해라.**

저녁식사 후에 가족들 앞에서 짤막한 1분짜리 연설을 해봐라. 어떤 주제든 무엇에 대한 이야기든 전혀 상관없다. 단 설명이 아니라 설득하는 말하기여야 한다. 원래 가족들과 이야기하려던 것이 아니어도 괜찮다. 그 주제에 대해 준비를 하고, 자리에서 일어나 짧은 연설을 해라. 미리 원고를 준비하지 말고 즉흥적으로 해라! 1분 연설은 당신이 라디오나 텔레비전에 출연할 때 정말 큰 도움이 된다. 당신은 1분 연설로 방송 출연에 대비할 수 있다. 가족들에게 문제 제기와 질문을 해도 좋다고 미리 말해두어라. 그리고 연설이 끝난 다음 가족들과 함께 당신의 연설에 대해 토론해라. 연설이 어땠는지 물어봐라.

"무엇을 이해했고 무엇을 이해하지 못했는가?"

"어떤 점이 좋았고 어떤 점이 좋지 않았는가?"

가족들에게 마음대로 질문할 수 있는 시간을 줘라. 당신은 이 시간을 통해 기지를 연습하게 될 것이다.

❸ **가족들 앞에서 소리 내어 글을 읽어라.**
낭독에는 좋은 점이 아주 많다. 가족들에게 시사 문제 같은 것, 예를 들어 신문에서 읽은 것 중 재미있었던 기사를 읽어주어라. 긴 내용을 읽어줄 필요는 없다. 성의를 갖고 가능한 한 분명한 발음으로 억양에 변화를 주어가며 읽어라. 이렇게 하면 당신의 언어 능력이 몰라보게 향상된다.

❹ **훌륭한 강연에 귀를 기울여라.**
텔레비전에서 방영하는 강연과 토론 프로그램을 선별해서 꾸준히 시청해라. 흥미롭게 본 프로그램은 녹화해두면 좋다. 그리고 녹화한 테이프를 여러 차례 반복해서 봐라. 라디오에서 나오는 훌륭한 강연을 녹음해도 좋고 유익한 강연이 녹음된 테이프를 사서 들어도 좋다.

❺ **중요한 말하기에 앞서 총연습을 해라.**
중요한 말하기나 연설이 있을 때는 반드시 총연습을 해야 한다. 그래야만 내용이나 구성, 표현 방법, 연설 태도 등에 나타난 단점을 바로잡을 수 있다. 청중이 되어줄 사람을 몇 명 모아라. 전문가여야 할 필

요는 없다. 어떤 점이 부족하고 이해가 안 되는지는 비전문가가 더 잘 짚어낸다. 또한 개선해야 할 부분에 대해서도 여러 가지 좋은 조언을 해준다. 일단 연설을 하고 난 후, 청중에게서 피드백을 받아라. 의견과 비평을 가리지 말고 받아들여라.

자신을 방어하려고 하지 마라. 당신 개인에 대한 모든 평가를 진지하게 받아들여라. 총연습은 객관적인 평가를 받을 수 있는 아주 귀한 시간이다. 조언을 감사히 여기고 다 기록해두어라. 당신은 이미 총연습 때 최선을 다해 모든 것을 보여주었기 때문에 결전의 날에 연단에 오르는 것이 크게 두렵지 않을 것이다. 당신은 무의식적으로 큰 확신을 갖게 된다.

❻ 무대 공포증을 예방하는 호흡법을 배워라.

우선 코를 통해 숨을 깊이 들이마셔라. 폐에 공기가 가득 찰 때까지 계속 들이마셔라. 이때 반드시 코를 이용해야 한다. 코로 숨을 쉬면 횡격막의 긴장이 풀어지기 때문이다. 무대 공포증이 있으면 횡격막이 팽팽하게 긴장되어 숨이 짧아지고 뇌에 산소가 제대로 공급되지 않는다. 그러므로 코로 깊게 숨을 들이쉬어 가능한 한 폐를 크게 부풀려라. 그러고 나서 입으로 툭 쏟아내듯 숨을 내쉬어라. 이제 평상시처럼 자연스럽게 숨이 쉬어질 때까지 기다려라. 이런 식으로 서너 번 호흡을 하고 나면 어느새 마음의 평정을 되찾게 된다.

이제 당신은 침착하고 대담해지며 지금까지 경험하지 못한 에너지가 넘쳐흐르는 것을 느낄 수 있다. 이 호흡법을 통해 당신은 침착성과 자신감을 되찾게 된다. 청중에 대한 두려움은 있지만 견딜 만한 약간의 떨림일 뿐이다.

기억을 잘해야 두려움을 이긴다

전문가들은 기억을 잘하는 사람들의 공통적인 습관은 '반복'이라고 말한다. 왜냐하면 반복적으로 자극하면 두뇌의 해마에서 신경세포가 연결되는 부위인 시냅스가 강화되기 때문이다.

사람은 평균적으로 20일이 지나면 기억한 내용의 80%를 망각하는데 이 기간이 되기 전에 반복 학습을 하는 게 효과적이라는 설이 있다. 가령 오늘 기억해야 할 일이 있었다면 1시간 뒤 기억을 반복한 다음 자기 전에 다시 기억한다면 거의 잊어버리지 않는다는 것이다. 이 밖에도 전문가들은 다음과 같은 기억법을 제시한다.

❶ 시각화해라.
연구 결과에 의하면 인간의 두뇌는 좌우로 나뉘어 있고 언어와 시각을 관장하는 뇌는 상반된다. 따라서 좌반구와 우반구를 동시에 사용한다면 그중 하나만 사용하는 것보다 기억 효과가 훨씬 더 증진된다.

예를 들어 새로운 얼굴을 기억할 때 그 사람의 헤어스타일이 어떻더라, 누구를 닮았더라 등의 말을 붙여놓으면 훨씬 기억이 오래간다.

또 어떤 지명 열 개를 외울 때에도 단순히 열 개를 외우는 것보다는 지도상 위치를 생각해가면서 외우는 것이 훨씬 쉽다. 다소 추상적인 내용이라도 그림이나 도표, 약도 형식으로 이미지화하면 더 기억하기 좋다.

❷ 여러 감각을 활용해라.

기억 대상의 시각적 내용(문자)을 청각이나 운동 자극(입술이나 혀, 손의 운동) 등을 활용해 공감각화하면 기억하기 좋다. 혼잣말로 중얼거리는 것도 한 가지 방법이다. 어떤 특정한 향수 냄새를 맡으면 그 향수를 항상 뿌렸던 사람이 기억나는 것은 후각 중추가 단기 기억을 조절하는 변연계에 포함되어 있기 때문이다.

❸ 단서를 활용해라.

기억할 때 사용하는 중요한 책략 중의 하나는 연상聯想이다. 연상이란 A를 보면 B가 생각나는 식이다. 집에 도착하면 어떤 일을 꼭 해야 하는데 잊어버릴 것 같을 때, 가지고 다니는 가방에 끈을 매달아놓거나 휴대폰이 울리게 해놓으면 집에 도착했을 때 그 일을 기억해낼 수 있다.

❹ **불필요한 것을 외우지 마라.**

컴퓨터의 메모리가 한정되어 있는 것처럼 인간의 기억력도 어느 정도 용량이 한정되어 있다. 특히 작업 기억의 용량은 한정되어 있다. 따라서 쓸데없는 것을 입력하지 않는 것도 더 필요한 것을 외우는 데 도움이 될 수 있다. 어떤 사람은 기억력 증진을 위해 전화번호를 백 개 이상 외우기도 하는데 이것이 기억력을 증진시키기보다는 오히려 기억 장소를 차지해 정작 필요한 기억을 못 하게 할 수도 있다.

❺ **정보의 유입 속도를 조절해라.**

정보가 유입되는 속도가 상대적으로 너무 빠르면 뇌가 소화를 못해 기억하지 못한다. 속독을 해 읽은 책의 내용이 오래 기억되지 않는 것도 이 때문이다.

❻ **먼저 이해해라.**

이해하면서 기억한 것이 단순 암기보다 더 오래간다.

❼ **다음과 같은 기억법으로 스피치를 전개해라.**

사람들이 많은 사람 앞에서 말하기를 두려워하는 것은 '틀리면 어쩌나……' 하는 기우 때문이다. 사람들이 어려워하는 것이 바로 말할 내용은 많은데 시종일관 원고에 의존하기에는 실력이 드러나는 것 같고 그렇다고 암기하기에는 시간이나 암기력에 한계를 느끼기 때문이다. 말하는 이가 말할 내용을 다 숙지하면 그런 기우나 두려움이 반감되는 것은 물론 말에 자신감을 갖게 되어 보다 설득력 있는 스피치를 할 수 있다.

효과적인 기억법

❶ 스토리 기억법
한 편의 드라마나 영화의 줄거리를 기억하듯 암기해야 할 부분을 스토리화해 기억한다. 예) 마이웨이 - 인생은 마라톤과 같다.

❷ 연상 기억법(쿵쿵따 기억법)
단어와 단어를 릴레이식으로 연결해 기억한다. 예) 지난여름의 피서지(해운대) - 바다(파도) - 변화(이 시대의 트렌드) - 팔레트 법칙(80 : 20법칙) - 핵심을 찾아 부각해라(생존 전략)

❸ 영상 기억법
시각적 이미지를 떠올려 기억한다. 예) 별명과 친구 이름 - 오리궁뎅이 : 김칠수, 백설공주 : 이태원

❹ 도식적 기억법
이야기를 전개해나가는 과정을 나뭇가지나 생선 뼈의 배열처럼 순차적으로(대주제 → 소주제 → 소재별 사례) 기억한다. 예) 친절 → 경쟁력 → 고객 응대법 → 성공 사례 → 고객 감동 원칙 → 고객 졸도 원칙 / 실패 사례 → 고충 처리 상담법

03 이미지 트레이닝

● ● ●

평소에 우울하고 힘없이 보이는 평범한 주부가 슈퍼마켓에서 한 여자를 만났다. 그 여자는 겉으로 보아 자신과 하나도 다를 것이 없어 보였는데 이상하리만치 당당해 보였다. 그녀의 걸음걸이는 힘찼고 눈은 앞을 똑바로 바라보고 있었다. 그 주부는 그녀가 아마도 '대단한 사람' 일 것이라고 생각했다. 대충 이것저것 살 것을 챙긴 주부는 슈퍼마켓을 나왔다. 그녀는 저만치 앞서 걷는 여자의 당당한 뒷모습을 바라보다 문득 상점 유리창에 비친 자신의 모습을 바라보았다. 거기엔 어깨가 축 처지고 등이 구부러져 원래 키보다 훨씬 작아 보이는 한 여자가 비치고 있었다.

'아니 이렇게 힘도 없어 보이고 초라한 사람이 나란 말인가?'

그녀는 조금 전에 만났던 여자가 왜 그리 당당해 보였는지 그제야 알았다. 그녀의 자세는 꼿꼿했으며 말소리는 분명했다. 그런 것들로 인해 여자는 당당해 보였던 것이었다.

그녀는 집으로 달려가 거울에 자신의 모습을 비춰보았다. 여러 가지 자세를 취해보며 내린 결론은 몸을 똑바로 세웠을 때가 가장 기분도 상쾌하고 좋아 보인다는 것이었다. 좋은 자세가 외모를 바꾸어 키도 커 보이게 하고 한층 날씬하게 만들었다.

"똑바로 서!"

이것이 그녀의 좌우명이 되었다. 그리고 그녀의 모든 것이 변화하기 시작했다. 기분도 훨씬 좋아졌고 태도도 분명해졌으며 무엇보다 자신에 대한 느낌이 달라져 자신감이 생겼다. 더불어 그녀는 '내가 나를 존중하고 아낀다면 다른 사람들도 분명히 나를 그렇게 볼 것이다'라는 새로운 사실도 깨달았다.

첫인상, 왜 중요한가?

사람의 이미지 형성에서 가장 중요한 것이 첫인상이다.

고덴 엘포트는 그의 대인지각 이론에서 30초 동안 처음 만난 상대의 성별, 나이, 체격, 직업, 성격, 깔끔함, 신뢰감, 성실성 등을 어느 정도 평가할 수 있다고 했다. 이렇게 우리가 사람을 처음 만났을 때 상대에 대한 어떤 느낌을 갖게 되는데 그것을 첫인상이라고 한다.

우리는 한 번의 만남을 통해 상대의 모든 것을 판단할 수는 없지만 '다음에 다시 만나고 싶다', '이 사람과 사귀어보고 싶다', '이 사람과 거래를 해보고 싶다'는 판단은 할 수 있다. 그래서 첫인상을 관리하는 일은 아주 중요하다. 첫 만남에서 매력적이고 강한 인상을 주지 못하면 그 이상의 관계가 불가능하기 때문이다.

첫인상이 형성될 때는 부정성 효과와 초두初頭 효과, 인지적 구두쇠 효과가 작용한다.

부정성 효과란 긍정적인 특성보다 부정적인 특성(예를 들어 '표정이 딱딱하다', '거만하다')이 그 사람을 평가하는 데 더 많은 영향을 준다는 것이다. 그러므로 단점보다 장점이 많아도 어떤 단점 한 가지에 의해 전체적인 평가가 부정적이 될 수도 있다. 그래서 누군가를 처음 만날 때는 사소한 부분까지 신경 써서 긍정적인 부분만 보이도록 하는 것이 매우 중요하다.

초두 효과란 먼저 제공된 정보가 나중에 제시된 정보보다 더 큰 영향력을 발휘하는 것을 말한다. 그래서 흔히 남자들이 여성을 만날 때 묻지도 않은 자기 자랑을 지겹도록 늘어놓는가 보다. 좋은 첫인상을 주려면 처음 만났을 때 가능한 한 자신의 장점을 부각해야 한다.

마지막으로 사람들이 인상 형성에서뿐만 아니라 전반적으로 세상을 판단할 때 가능하면 노력을 덜 들이면서 결론에 이르려고 하는 경향이 있는데, 이 속성을 인지적 구두쇠라고 한다. 만약 '사실 난 알고 보면 좋은 사람인데'라고 스스로를 생각하는 분이 있다면 미안하지만 그 생각을 바꿔서 첫인상으로 승부할 수 있는 방법을 찾아보자. 상대는 우리에게 여러 번의 기회를 주지 않을 테니까.

첫인상을 좋게 만드는 5가지 요소

사람 간의 만남은 역시 첫인상이 차지하는 비중이 크다. 특히 이성 간의 만남을 전제로 한 미팅은 짧은 시간에 상대에 대해 속속들이 알기란 쉽지 않기 때문에 첫인상의 느낌으로 호감의 정도가 결정된다고 할 수 있다. 따라서 첫인상을 좋게 만드는 것이 미팅에서 상대에게 자신을 제대로 어필할 수 있는 길이다.

❶ 외모

첫인상을 결정하는 요소는 여러 가지가 있지만 아무래도 겉으로 드러나는 외모가 절대적이지 않을까? 남자나 여자나 최고의 미팅 파트너는 역시 잘생기고 외모가 준수한 사람이다. 미팅에서는 그만큼 겉으로 드러나는 얼굴 생김새를 보고 마음을 결정하는 경우가 대부분이다.

파트너의 외모를 보고 자신의 이상형인지 어떤지를 평가하는 경우

가 적지 않다. 따라서 자신의 의지보다는 선천적인 요인이 많은 외모에 대해 콤플렉스를 느끼며 부모님을 원망하기보다는 후천적인 노력을 해야 할 것이다. 자신의 외모를 탓하며 준비 없이 미팅에 나가서 조연 역할을 하는 것보다는 자신의 단점은 커버를 하고 장점은 드러낼 수 있도록 패션이나 헤어스타일에 신경을 써서 자신감을 갖고 나가는 것이 훨씬 보기에도 좋다.

❷ **말솜씨**

말을 잘한다는 것은 그만큼 상대에게 자신의 생각과 가치관을 제대로 어필할 수 있어서 이상적이다. 아무리 좋은 생각을 가지고 있고, 지적 수준이 높다고 하더라도 말솜씨가 따라주지 못하면 자신을 제대로 드러낼 수가 없다.

첫 만남에서 제일 먼저 상대방의 얼굴을 대하게 되지만 그 다음에 이어지는 것이 대화다. 같은 말을 하더라도 말을 조리 있게 잘하는 사람이 있는가 하면 그렇지 못한 사람이 있고, 같은 말인데도 듣기가 거북한 말이 있는가 하면 듣기 좋은 말이 있다. 그것은 바로 말솜씨의 차이 때문이다.

상대방이 듣기 좋게 말하는 것이 좋은 말솜씨라고 할 수 있다. 따라서 말 한마디를 하더라도 따뜻하고 정감 있게 하는 것이 좋다. 여러 사람이 어울리는 미팅 자리에서 자신을 드러내기 위해 너무 튀려 하다 보면 자칫 상스러운 단어를 사용할 수도 있으므로 주의를 해야 한다. 아울러 상대방을 비하하는 듯한 말투나 지나친 자기주장은 바람직하지 않다.

조리 있고 매끄러운 말솜씨는 여러 사람이 만났을 때 쉽게 드러난다. 그리고 상대의 이야기를 잘 들어주는 것도 말솜씨와 더불어 중요하다. 사람은 유머 감각이 있고 재미있어야 쉽게 친해질 수 있다.

❸ 분위기

사람은 저마다 자신만의 분위기를 가지고 있다. 분위기는 첫인상과 더불어 그 사람에게서 느낄 수 있는 이미지를 결정하는 요소라고 할 수 있다.

누구나 편안한 분위기를 좋아한다. 아무리 잘생겼다고 하더라도 마주하고 있으면 어딘지 모르게 불편하고 어색한 사람은 분위기가 좋지 않은 사람이다. 반면에 뭐 하나 변변하게 내세울 것도 없는 사람이 인기 있는 경우도 얼마든지 있다. 비록 외모는 받쳐주지 못하더라도 전체적으로 풍기는 분위기가 상대에게 편안함을 주기 때문이다. 좋은 분위기를 연출하기 위해서는 깔끔하게 꾸민 외모와 활짝 웃는 얼굴로 그 자리의 분위기를 살리려는 마음가짐을 갖고 있어야 한다. 활짝 웃는 얼굴은 그냥 바라보고만 있어도 좋다.

❹ **됨됨이**

아무리 독심술에 능한 사람이라 할지라도 단 한 번의 만남에서 상대방의 성격을 제대로 파악할 수는 없다. 그럼에도 불구하고 적지 않은 사람이 첫인상을 좌우하는 중요한 요소 중 하나로 상대방의 성격을 꼽는다.

미팅에서는 너무 설쳐대거나 너무 내숭을 떨어도 좋지 않다. 상대방의 행동거지를 놓치지 않고 주시하면서 면밀하게 관찰하는 미팅에서는 사소한 행동 하나하나가 자신의 성격을 판단하는 근거가 된다는 사실을 염두에 두고 행동하는 것이 바람직하다. 따라서 너무 튀지 않고 상대방을 배려하며 즐겁게 대화를 나눌 수 있는 활달한 면을 보여 주는 것이 무난하다.

❺ **차림새**

옷차림과 착용하고 있는 장신구도 겉으로 드러나는 만큼 첫인상에 영향을 주는 요소다. 자신의 이미지에 어울리는 헤어스타일과 옷차림, 그리고 액세서리가 조화를 이룰 때 상대방에게 호감을 줄 수가 있다.

유행에 너무 민감해도 주관이 없어 보이고 그렇다고 유행에 뒤떨어지는 것도 바람직하지 않다. 자신의 체형과 분위기에 어울리게 옷을 입는 것이 가장 중요하다. 여러 사람이 어울리는 미팅에서 자신만이 돋보이고 싶다는 순진한 생각에 온몸을 지나치게 꾸미고 나가는 경우가 있는데 이는 결코 좋은 인상을 심어줄 수가 없다.

∴ 표정 관리

첫인상이 형성될 때 가장 많은 영향을 주는 부분이 시각적인 요소다. 시각적인 요소에는 얼굴 표정, 옷차림, 액세서리, 자세 등이 있는데 그중 사람을 처음 만났을 때 시선이 가장 먼저 가는 곳이 바로 얼굴이고 얼굴의 표정에 의해 그 사람의 인상이 결정된다.

많은 사람을 만나다 보면 그중에는 늘 밝고 활기찬 표정으로 다른 사람까지 즐겁게 하는 사람이 있는가 하면 자신도 모르게 늘 어두운 표정으로 상대방의 기분까지 나빠지게 하는 사람이 있다. 표정이 밝은 사람은 대체적으로 성격도 밝고 적극적인 경우가 많다. 누구나 밝고 건강한 이미지를 지닌 사람과 가까이하고 싶어한다.

내가 아는 어떤 사람은 어느 날 우연히 주위 사람에게 "○○ 씨는 한 번도 웃는 얼굴을 본 적이 없는 것 같아요"라는 말을 듣고 상당한 충격을 받았다고 한다. 그때까지 자신의 얼굴에 대해 별 관심이 없었던 그로서는 자신의 표정이 그렇게 어두운지, 그래서 상대에게 부담을 주고 있었는지 전혀 알지 못했던 것이다.

그 후 그는 의식적으로 하루에 15분씩 아침 샤워하는 동안에 웃는 연습을 시작했다고 한다. 처음에는 갑자기 웃는 자신의 모습이 무척 어색했지만 꾸준히 연습한 결과 한 달쯤 지나서부터는 점차 자연스러워졌고 지금은 만나는 사람들 대부분 어쩌면 웃는 모습이 그렇게 자연스럽고 멋있느냐, 비결 좀 가르쳐달라는 말을 종종 듣는다고 한다. 밝아진 표정 때문인지 지금은 사업도 잘되고 그때보다 경제적으로도 상당히 좋아졌다고 한다.

이렇게 밝은 표정은 자신의 성격뿐만 아니라 사업에도 많은 영향을 준다. 밝은 미소를 짓는 것은 생각으로만 되지 않는다. 우리의 얼굴 근육은 평소 쓰는 부분만 발달되어 있기 때문에 평소 웃지 않던 사람이 갑자기 웃으려고 하면 어색하고 근육 경련이 일어나기도 한다.

표정 훈련은 매일 조금씩 꾸준히 연습하는 것이 중요하다. 지금부터 얼굴 근육 훈련을 통해 표정을 바꾸는 요령을 알아보자.

❶ 평소 거울을 자주 보는 습관을 기른다.

거울을 보면서 자신의 표정이 얼마나 딱딱한지를 느껴봐라. 그리고 자신의 입 꼬리가 위를 향하는지 일자—字인지 아래를 향하는지 잘 살펴봐라. 만약 입 꼬리가 처져 있다면 살짝 위로 잡아당겨 봐라. 이런 동작을 여러 번 반복한다.

성격이 예민하거나 신경질적인 사람 중에는 양미간에 세로 주름이 나 있는 경우가 많다. 자신의 미간에 세로 주름이 한 줄 혹은 두세 줄 있는 사람은 지금부터 웃는 노력을 많이 해야 한다. 그 주름이 오래되면 골이 파여서 쉽게 지워지지 않는다. 관상학자들은 이곳을 명궁이라고 부르는데 이 명궁은 복이 들어오는 대문이라고 해서 아주 중요한 부위에 해당한다. 이곳이 넓고 두둑해야 운이 좋아진다고 하니 주름이 잡혀서 좁아지지 않도록 자주 웃어서 명궁을 펴주도록 해라.

❷ **눈썹을 살짝 올려본다.**
눈썹이 올라가면서 눈도 살짝 크게 떠질 것이다. 마음이 열리면 눈도 같이 열리게 되는데 눈썹을 살짝 올려줌으로 해서 기분도 좋아질 것이다. 이때 "안녕하세요"라는 인사도 함께 소리 내서 해보면 목소리도 밝게 나는 것을 느낄 수 있을 것이다.

표정을 바꾸는 요령

- 평소 거울을 자주 보는 습관을 기른다.
- 눈썹을 살짝 올려본다.
- 자신의 웃는 얼굴을 여러 가지 만들어보고 그중 가장 자연스럽다고 생각하는 입 모양을 찾아 기억해두고 반복해서 연습한다.
- 평소 밝고 좋은 생각만 하는 훈련을 한다.

❸ **자연스러운 입 모양을 찾는다.**
자신의 웃는 얼굴을 여러 가지 만들어보고 그중 가장 자연스럽다고 생각하는 입 모양을 찾아 기억해둔다. 그리고 반복해서 연습한다.

❹ **평소 밝고 좋은 생각만 하는 훈련을 한다.**
근육의 훈련만으로는 표정이 자연스럽게 밝아지지가 않는다. 표정을 정말 밝게 바꾸고 싶다면 자신의 생각과 생활을 아주 긍정적으로 바꾸는 것이 가장 좋은 방법이다. 기분 좋은 생각을 많이 하고 농담을 즐기고 마음의 여유를 갖도록 자신을 바꿔봐라. 그러면 주위 사람으로부터 인기도 높아질 것이다.

좋은 인상을 위한 행동 지침

어떤 특정한 상황에서 보여주고자 하는 인상이 어떠한 것인지를 결정하고, 그 인상을 만들기 위해서는 무엇을 해야 하고 무엇을 하지 말아야 하는지를 파악하고, 그런 뒤에는 자신감을 갖고 그 상황과 대면해라.

❶ **일거수일투족을 다 이용해서 자신을 표현해라.**
사람들은 눈에 보이는 것을 믿는다. 그들은 눈으로 본 것을 기억한

다. 그리고 그들이 눈으로 보는 것을 당신은 컨트롤할 수 있다. 고개의 각도, 얼굴 표정, 당당하게 펼쳐진 어깨, 옷의 매무새, 다리와 팔과 발의 위치 등등 당신의 일거수일투족을 이용해 당신의 신뢰를 세워라.

무슨 행동을 하건 느긋하고, 컨트롤할 수 있는 의도적인 태도로 행동해야 한다. 어떤 순간이든 당신이 생각하는 것, 말하는 것, 행하는 것을 늘 의식하고 있어야 한다.

❷ **가시적인 계획을 가져라.**
어느 경우든 사람들에게 어떤 느낌을 주고자 하는지를 미리 결정해두고 그 느낌을 자아내기에 가장 적합한 태도, 행동, 분위기 등을 이용해라.

일이 계획대로 되지 않더라도 계획을 갖고 있다면 그것이 없을 때보다 좋은 인상을 심기에는 훨씬 유리할 것이다.

❸ **조리 있는 말과 행동으로 뜻하는 바를 정확하게 보여주어라.**
무슨 말을 할 것인지 계획하고 제스처, 얼굴 표정, 어조, 억양을 이용하여 당신이 뜻하는 바를 말하고 보여주어라.

❹ 사소한 것에 반응하지 마라.

때에 따라서는 주의를 산만하게 하는 사소한 것을 무시하도록 집중해라. 공놀이를 할 때 공에서 눈을 떼지 않듯이 에어컨 소리, 바깥의 사이렌 소리, 혹은 상대방의 코에 돋은 사마귀 같은 것 때문에 주의가 산만해지거나 자세가 흐트러져서는 안 된다. 타인이 당신에게서 받을 느낌을 컨트롤하고자 한다면 먼저 사소한 것 때문에 당신이 컨트롤돼서는 안 된다.

❺ 발전을 꾀해라.

좋은 인상을 주고 그것을 유지하기 위해서 수십 가지의 새로운 행위를 할 필요는 없다. 그저 긴장을 풀고, 자기 발등을 찍는 짓은 하지 말아야 한다. 스스로 손해가 될 말이나 행동은 삼가는 것이 좋다.

자신이 지금 하고 있는 일과 남들에게 미칠 영향을 의식하고 있어야 한다. 타인의 반응을 주시해라. 만약 자신이 원하는 반응을 얻고 있다고 생각하면 그 행동을 계속하고 그렇지 못하다고 판단되면 곧장 다른 행동을 취해라.

❻ 대다수 사람이 하는 것과 정반대로 행동해라.

사람들은 대개 일정한 규범에서 벗어나는 것을 두려워하는데, 규범을 지키지 않으면 여러 가지 지장이 생기고 성공을 위한 기회가 줄어

든다고 믿고 있기 때문이다. 그러나 비즈니스 관계에서는 누군가가 규칙을 깨뜨리는 순간에 난관 돌파를 위한 실마리가 잡히는 경우가 많다.

　남이 하지 않는 행동을 하는 것, 그것이 사실은 남보다 앞선 자의 면모를 효과적으로 보여주는 핵심 요소이다. 남의 눈에 거슬리지 않는 행위를 유지하면서도 동시에 남다른 면모가 드러나도록 해야 한다. 남의 행동거지를 유심히 관찰한 뒤, 남과 똑같이 행동할 것이 아니라 무언가 다른 행동을 해라. 타당하고 적절한 그들과는 정반대의 행동을 해라.

❼ 융통성을 가져라.

융통성을 갖는다는 것은 줏대 없이 굴고 어떤 문제에 대한 자신의 입장을 끊임없이 바꾼다는 뜻이 아니다. 또 융통성을 갖는다는 게 감정의 기복이 심하게 되는 구실이 되어서도 안 된다.

　융통성이란 긍정적인 방식으로 카멜레온처럼 되는 것이다. 어떤 상황에서든 기운차게 행동하고 또 다른 때에 가서는 절제를 하며, 상황에 따라서 때로는 느긋하고 가볍게, 때로는 진지하고 딱딱하게 처신하는 것이다.

　모든 인간이 다 그렇듯이 당신에게도 여러 단면이 있으므로 술수를 쓰거나 연기를 하지 않고서는 융통성을 갖기가 어렵다. 그러나 긍정

적인 인상을 풍기기 위해서라고 해서 자신의 개성까지 바꿀 필요는 없다. 다만 당신이 할 수 있는 여러 행동 유형 중에서 한 가지 혹은 서로 연관된 여러 행동을 선택할 수 있다. 그러면서도 당신은 여전히 자신의 신념을 유지해야 한다.

04 고정관념을 뒤집어라

통념을 뒤집는 기발한 착상과 기지는 품격 있는 웃음을 자아낸다. 기지는 재치 있게 대응하는 슬기를 뜻한다.

　웃음은 의외성에서 나온다. 선입관이나 고정관념을 적절하게 뒤집었을 때, 웃음이 터진다. 웃음은 의외의 상황에서 나오기 때문에 듣는 이의 예측을 무너뜨려야만 웃음이 터지게 할 수 있는 것이다.

　상대의 고정관념을 깨뜨리는 일은 의외로 어렵지 않다. 내가 가진 고정관념은 남들도 만찬가지로 갖고 있고, 내가 남의 이야기를 들으면서 하는 예측 또한 남들이 하는 그것과 별반 다르지 않으므로 그것을 뒤집어서 생각하거나 다른 방향으로 해석하면 전혀 다른 결과가 나올 수 있다. 그러나 평범한 발상에서는 웃음이 나오지 않는다. 문제는 예측을 간파하는 것이 아니라, 그 예측을 효과적으로 무너뜨리는 데 있다. 재치 있는 발상의 전환이 고정관념을 뒤집는 데 중요한 요소가 된다는 사실을 항상 유념해야 한다.

고정관념은 깨도 아프지 않다

손깍지를 한번 껴봐라. 어떤 이는 오른손 엄지가 위로 올라올 것이고, 또 어떤 이는 왼손 엄지가 위로 올라올 것이다. 그걸 한번 바꾸어서 해봐라. 아마 무척 어색할 것이다.

습관이란 한번 들면 한없이 편하다. 그래서 한번 익숙해진 습관을 바꾸기란 대단히 어렵다. 우리는 은연중에 습관화되어 익숙해진 것은 맞는 것이고, 습관화되지 않아 어색한 것은 틀린 것이라는 생각을 하곤 한다. 그리고 습관화되지 않은 것은 무조건 거부하려는 경향이 있다. 그래서 어른들은 아이들이 왼손으로 밥을 먹으면 대단한 거부감을 갖고 꾸중을 한다. 밥은 반드시 오른손으로 먹어야 한다는 것이다. 그런 이유는 설득력이 없다.

서양 사람들은 아침 인사가 "굿 모닝!"이다. '좋은 아침' 이라는 뜻이다. 그들은 포탄이 터지고 사람들이 죽어가는 전쟁터에서도 그렇게 인사를 한다. 반면에 우리나라 사람 중에는 아침에 일어나서 "아이고, 죽겠다!"라며 기지개를 펴는 사람들이 있다. 하루를 좋은 아침으로 시작하는 사람과, 죽겠다고 외치며 시작하는 사람 중 어느 쪽이 잘 살겠는가?

왜 이런 현상이 생기는가? 사람이란 사물이나 현상을 제대로 볼 수가 없다. 사람의 내부에 그것을 방해하는 요인이 있기 때문이다. 고정관념, 편견, 선입관, 부정적 사고, 수직적 사고, 습관, 경직된 사고 등이 그것이다.

생각을 바꾸자. 발상을 전환하자. 고정관념은 깨도 아프지 않다.

∴ 공식과 상식도 파괴하는 시대

어느 집의 거실에 걸린 가훈이 365<1이다. 365가 1보다 작다니, 무슨 의미일까? 그것은 365일보다 1일(하루)이 더 소중하다는 뜻이다.

$$1+1=2$$

물론 1+1=2이다. 그러나 사랑의 법칙으로 보면 1+1은 1도 될 수 있다. 상극 효과를 받는다면 1+1<2이고, 시너지 효과를 받을 땐 1+1>2가 된다. 이처럼 이 문제의 답은 수없이 많다.

100-1=99도 마찬가지다. 그러나 비즈니스나 인간관계에서 백 번 중 한 번 잘못하면 고객은 달아나 버린다. 그러니 100-1=0이 될 수

도 있다.

요즘 얘기하는 블루 오션도 마찬가지다. 사람들은 상식적이고 가치 있는 일에 현명하게 몰려든다. 그러나 상식적이지 않고 일말의 가치가 없는 일에 가치를 부여하는 전략이 바로 블루 오션이지 않은가?

우리의 인식도 마찬가지다. 인식의 눈에 빨간 색안경을 끼면 세상은 빨갛게 보이고, 돋보기를 쓰면 크게 보인다. 안경은 사물이나 현상을 왜곡, 축소, 확대, 변색, 날조시킨다. 그러므로 사물이나 현상을 바로 보려면 이러한 고정관념의 안경을 벗어던져야 한다. 그러자면 고정관념을 깨야 한다. 고정관념을 깨려면 문제의식을 가져야 한다. 문제의식을 갖지 않는 삶이란 '정신적인 죽음의 상태'에 이르렀다고 말할 수 있다. 개인이나 조직, 사회가 망하는 건 문제가 많아서라기보다는 그러한 문제를 발견하지 못해서, 그리고 그러한 문제를 해결할 아이디어를 찾지 못해서다. 문제의식이야말로 고정관념을 깨는 열쇠다.

남보다 '뛰어나게'가 아니라 남과 '다르게'

유대인인 아인슈타인은 상대성이론을 발견한 세계적인 물리학자다. 그러나 네 살이 되도록 말을 못 하자, 아인슈타인의 부모는 그를 저능아라고 체념했다고 한다. 그는 학교에 들어가서도 생각하는 것이나 머리 회전이 늦었고 친구들과 잘 어울리지도 못해, 1학년 때 담임

선생은 "이 아이에게서는 어떤 지적 열매도 기대할 수 없다"라는 신상 기록을 남겼다. 또한 그가 학교에 계속해서 다닐 경우, 다른 학생에게 방해가 된다는 결론을 내리고 더는 학교에 보내지 않는 것이 좋겠다고 했을 정도였다.

아인슈타인은 담임선생으로부터 저능아 취급을 받았지만, 이에 아랑곳하지 않고 열다섯 살 때까지 유클리드, 뉴턴, 스피노자, 그리고 데카르트를 독파했다. 후일 그는 "나는 강한 지식욕을 품고 있었다"라고 지난날을 술회했으리만큼 속이 꽉 차 있었지만, 그 당시 그것을 알아주는 사람은 아무도 없었다. 만약 그가 다른 어린이들과 똑같이 되기를 강요받았더라면 그의 재능은 빛을 보지 못했을지도 모른다.

한국이나 일본을 비롯한 동양의 어머니들과 유대인 어머니들 사이에는 분명한 생각의 차이가 있다. 이를테면 이웃집 어린이가 피아노 레슨을 받는다거나 일류 학교 진학을 지상 목표로 삼는다고 해도 유대인 가정에서는 그것에 별로 신경을 쓰지 않는다. 또한 "남보다 뛰어나라, 남을 앞질러라" 하고 어린이들을 달달 볶지도 않는다. 일류 학교든 이류 학교든 신경 쓰지도 않는다. 그러나 한국이나 일본의 어머니들은 자녀가 유치원에 들어갈 때부터 대학은 어느 대학에 가야만 된다는 식의 계획을 세우고 있으니, 참으로 딱한 엄마들이라는 생각을 떨쳐버릴 수가 없다.

유대인 어머니들은 자신의 자녀들이 다른 집 아이들과 똑같이 뛰어

놀고 함께 공부하며 행동하는 스테레오 타입(고정적인 틀)에 속해 있는 것을 바라지 않는다. 왜냐하면 다른 어린이와는 어딘지 다른 뚜렷한 개성을 지니고 성장하는 것이 밝은 장래를 약속할 수 있다고 믿기 때문이다.

우열을 다투는 경우 승자는 언제나 소수에 지나지 않지만, 저마다 남과 다른 재능을 지니고 있다는 것을 인정한다면 모든 인간은 서로의 능력을 인정하고 존경하면서 함께 살아갈 수 있다.

유대인 어머니들은 다른 아이와 다른 점, 즉 개성을 중요시한다. 그들은 예외 없이, 다른 집 어린이와는 무엇인가 다른 자기 자녀만의 특성을 찾아서 그것을 키워주는 데 전력투구한다. 한마디 덧붙인다면, '히브리'라는 말의 원래 뜻은 "혼자서 다른 쪽에 선다"이다. 자신만의 개성을 충분히 키워준다는 것은 유대인의 생활 방법 전반에 걸친 원칙인 셈이다.

성공
화술
백서

효과적인 스토리텔링

— 줄기 세우기

> 명쾌하고 화통한 스피치를 하려면
> 키워드를 찾아 징검다리 건너듯 말해라.

01 무엇을 말할까?

● ● ●

도구tool보다 중요한 것은 역시 내용contents이다. 전화나 마이크와 같이 전달 매개체가 좋아지면 좋아질수록 그것을 통해 전달되는 말은 내용이 있는 것이어야 한다. 그러나 과연 오늘날 워드프로세서를 두드려 나오는 글이 종이에 연필로 정서하던 시절의 글보다 더 깊이 있고 알찬 내용이라고 할 수 있는가?

무대를 화려하게 꾸미고 사람들을 초대했으면, 그 무대에 올릴 공연은 그 이상의 수준이 되어야 한다. 주객이 전도되면 안 되는 것이다. 결국 내용이 좋아야 한다.

당신이 가장 감명 깊게 들은 연설이나 강의 혹은 설교를 생각해봐라. 끊임없이 솟아나는 샘물처럼 이야기에 막힘이 없고 들을 거리가 풍부한 화제에는 누구나 귀를 기울이지 않을 수 없다. 그러나 이야기의 내용이란 단순한 잡학 사전식 나열만으로 풍부해지는 게 아니다. 여기서 말하는 내용이란 개개의 지식과 자신의 창조적 판단력을 결합시켜 하나의 새로운 생각을 만들어내는 폭넓은 것이어야 한다. 혹은 한 가지 사실이 다른 또 하나의 사실과 어떤 식으로 관계를 맺고 있는가 하는, 이른바 구조적인 연결 고리를 파악하는 능력이라 해도 좋다. 그리고 또 한 가지 중요한 사실은 이야기의 내용이 흥미로워야 한다는 점이다.

어떻게 말할 것인가

무슨 말을 하기 위해서는 말할 거리가 있어야 한다. 마치 음식을 만들기 위해서는 신선한 재료가 있어야 하듯 말이다. 그런데 재료가 신선하지 못하다거나 음식을 만드는 데 전혀 필요 없는 것이라면 문제일 수밖에 없다. 그렇다면 어떤 소재를 준비해야 할까?

❶ 창의적인 것이어야 한다.

요즘 창의성이 강조되고 있는데 이는 기발한 발상이나 엉뚱한 아이디어만을 말하는 것은 아닐 것이다. 창의성이란 어쩌면 자신의 진정한 모습을 찾는 것이 아닐까? 왜냐하면 창의성이란 차별화이고 차별화는 독특함이 있어야 하고 그 독특함은 그 사람만의 개성이랄 수 있으며 그 개성이란 결국 그 사람의 정체성이기 때문이다.

어떤 주제에 대해서 말을 한다 할지라도 같은 관점, 같은 논리로 말을 한다면 식상해지고 말 것이다. 그러나 나만의 독특함, 나만의 개성, 나만의 스타일, 나만의 관점, 나만의 소신으로 말한다면 상대방(청중)의 마음을 사로잡을 수 있을 것이다.

❷ 즐거움을 줄 수 있는 것이어야 한다.

즐거움에는 본질적으로 사람을 사로잡는 힘이 있기 때문에 사람들은 즐거움에 저항하지 못한다. 스스로 즐거움을 느끼고 있으면 사람들은 저절로 이끌려 온다. 그저 미소를 짓는 것만으로도 생화학상 큰 변화가 일어나 에너지가 올라간다. 즐거움을 마음 밑바닥에서 느끼게 하는 것이, 거래 상대와 성공적으로 대응할 수 있는 전제 조건이 된다.

필자가 강의할 때 자주 인용하는 말 중에 "아무리 재능 있는 사람일지라도 노력하는 사람을 이길 수 없고 아무리 노력하는 사람일지라도 즐기는 사람을 이길 수 없다"라는 말이 있다. 즐거워할 줄 아는 능력이야말로 성공인의 가장 중요한 능력이다. 일에서뿐만 아니라 어떤 인간관계나 스피치에 있어서도 즐거움을 늘릴 수 있는 방법을 찾아야 한다.

❸ **구체적인 말이어야 한다.**

아무리 논리적이고 합당한 사상이나 이론일지라도 뜬구름 잡듯 추상적으로 늘어놓는 말에는 설득력을 기대할 수 없다. 보다 구체적이고 현실적인 말에 사람들은 공감하며 행동으로 옮긴다.

말감 선택 요령

음식을 만들 때 어떤 재료를 쓰느냐에 따라 맛과 향이 달라지듯, 말하는 이가 어떤 말감을 선택하느냐에 따라 말의 본질이 달라진다. 이는 말하는 이의 인품을 판단하는 데까지 영향을 미친다.

❶ **목적에 맞는 말감**

목적에 맞지 않는 말감의 선택은 그것이 아무리 좋은 내용이라도 먹을 것을 원하는 사람에게 고상한 그림을 내놓는 것처럼 무모한 선택이다. 따라서 스피치를 하게 된 동기, 스피치의 목적에 알맞은 내용의 말감을 선택하는 것이 중요하다.

❷ **구체적인 말감**

추상적인 이론이나 애매모호한 화제는 듣는 이의 이해를 방해할 뿐 아니라 흥미를 주지 못한다.

❸ 일상생활에 익숙한 말감

일상생활에서 항상 보고 듣는 이야기가 나오면 사람들은 친숙함을 느낀다. 더구나 듣는 사람과 관계 있는 이야기일 때는 더욱 관심의 대상이 된다.

이야기꾼의 첫째 덕목은 메인이 되는 정보와 화제에 정통한 것이다. 매일 줄 쳐가며 신문을 읽고 정치, 경제, 사회, 문화, 예술 분야로 나눠 스크랩한다. 이야기꾼에게 순발력은 대단히 중요하다. 그때그때 상황에 맞게 말할 줄 아는 능력, 그것은 판소리에서 적재적소에 추임새를 넣는 고수鼓手와도 같다.

이야기꾼은 '차별화된 고유의 레퍼토리', '특화된 표현 기술', '남다른 장면 묘사 능력' 가운데 하나 이상을 갖춰야 한다. 레퍼토리는 역시 자신의 이야기이다. 자신의 경험담이나 신변잡기를 창의적으로 활용한다. 때론 자신이 망가져야 이야기가 산다.

또 이야기꾼에게 무엇보다 중요한 덕목 중 하나는 다른 사람에 대한 배려와 관심이다. 자신의 이야기를 듣는 사람들에 대한 이해가 우선이며 따뜻한 관심을 가져야 한다는 것이다. 이는 자신의 이야기가 다른 사람에게 상처를 주지 않는 것에서 시작한다. 간혹 다른 사람을 낮추며 대리 만족을 얻는 농담을 하는 사람이 있는데 결코 바람직한 방법이 될 수 없다. 다같이 즐거울 수 있어야 진정한 유머다.

이야기는 마치 외국어 회화 공부와 같다. 문법이 틀리더라도 큰 소리로 자꾸 말하면 느는 것처럼 이야기도 마찬가지다. 실수를 두려워 하지 말아야 한다.

분위기에 맞는 화제를 선택해라

시사성 있는 화제, 유머러스한 화제, 스릴 있는 화제, 경험적인 화제, 숫자를 제시하는 화제, 실현성 있는 화제 등을 택하는 것이 좋다. 그러나 식탁에서 불쾌감을 주는 화제, 공석에서의 사담, 식사 시간에 음식에 대한 불평은 피하는 것이 좋다. 또 자신과는 아무런 관계도 없는 남의 이야기를 듣자마자 곧 다른 사람에게 옮기는 사람이 있다. 이러한 소문 때문에 커다란 오해나 심각한 불행을 초래할 수도 있다. 남의 비평, 동료의 흉, 아는 사람의 스캔들을 화제로 삼는 것은 가장 위험한 것이다.

자신의 이야기만 하는 설교나 교훈식의 이야기, 다른 사람 앞에서의 꾸지람, 모임에서 참석자 전체에게 흥미를 주지 못하는 화제, 때와 장소에 어울리지 않는 화제 등 쉴 새 없이 익살을 떠는 사람이 있다. 축하 모임 같은 곳에서 심각한 이야기를 하는 사람도 있다. 혹은 초상집에 가서 파티에 관한 이야기를 하는 사람도 있다. 화제를 선택할 때는 그때그때의 분위기나 장소에 맞추는 지혜와 에티켓이 필요하다.

사실에 느낌을 담아라

세상을 울리고 웃기는 강연의 명수들이 있다. 이를테면 '당신의 자녀가 흔들리고 있다'의 연세대 이성호 교수, '신바람 건강법'의 황수관 박사, '여자가 변해야 세상이 변한다'는 정덕희 교수, 그리고 '아우성'의 구성애 강사 등이다.

그들이 대중에게 쉽게 접근하고 인기를 한 몸에 받는 이유는 주변에서 쉽게 접할 수 있는 경험담이나 예화로 쉽게 메시지를 전달하고, 느낌을 숨기지 않고 담백하게 표현하기 때문일 것이다. 이런 점을 보아도 스피치는 거창한 수사학을 동원하지 않더라도 자신의 생각과 느낌을 진솔하게 표현한다면 상대나 청중에게 호감을 얻을 수 있다.

생활하는 가운데 보고 듣고 느낀 것을 꾸밈없이 솔직하게 이야기할 줄 알아야 한다. '보고'와 '듣고'는 사실이요, '느낌'은 느낌이다. 그러니까 스피치는 크게 볼 때에 '사실+느낌'으로 이루어진다. 사실은 눈에 보이는 것 그대로이고, 느낌이란 어떤 사실을 보고 생각되는 것, 즉 마음으로 보는 것이다.

스피치에 있어 느낌은 아주 중요하다. 말의 느낌은 말하는 사람의 향기다. 왜 그럴까? 장미도, 아카시아도, 라일락도 향기가 다 같다고 생각해봐라. 아주 싱거울 것이다. 장미는 장미대로, 아카시아는 아카시아대로의 향이 있다. 꽃마다 향기가 다 다르듯 당신도 당신의 향이

다르기를 바랄 것이다.

당신이 지금 다른 사람과 똑같은 모양의 옷을 입었다고 생각해봐라. 기분이 별로일 것이다. 그런데 향이 같다면 더 좋지 않을 것이다. 나만의 향, 나만의 세계, 나만의 개성을 갖는 것이 좋은 스피치, 호감을 주는 매너, 명사가 될 수 있는 필수 조건이 아닐까?

생각의 줄거리를 잡아서 말해라

생각한 것을 낱말로 적고, 거기에서 줄거리를 잡아 또다시 낱말로 추린 것을 생각 잡기라고 말할 수 있다.

스피치를 하려고 할 때 말하기 전에는 그리도 할 말이 많은 것 같은데 막상 사람 앞에 서면 하나도 생각이 나지 않는 경우가 많다. 말하려는 생각을 따라잡으려면 생각을 낱말로 적는 수밖에 없다. 낱말로 적으면 말하려는 것을 잊어버리지 않느냐고 반문할지 모르지만 그 낱말 속에는 자신의 생각이 다 들어갈 수 있다.

자신이 바다에 관한 주제로 스피치를 한다고 가정해보자. '바다' 하면 너무도 막연해 무슨 말부터 해야 할지 모른다. 그럼 먼저 바다를 연관 지어 생각해보자.

'내가 가보았던 바다, 해수욕, 배를 타고 섬 여행, 생선회……'

이것 말고도 바다 하면 생각이 나는 게 많을 것이다. 조개, 파도, 갈

매기, 파라솔, 수영복, 돛단배, 모래 등 스피치를 위한 생각 잡기의 징검다리는 그 폭이 넓을수록 좋다.

　좋은 스피치를 위해서 생각 잡기를 할 때는 생각되는 낱말을 붙여 놓지 말고 좀 멀리 잡는 것이 좋다.

　말하고자 하는 내용이나 줄거리를 이렇게 연상적으로 구성하면 메모하거나 암기해 말할 수 있다. 또 암기법 중에는 이야기를 영상화해 기억하는 방법이 있는데 이것을 영상 기억법이라 한다. 우리가 어릴 때 감동적으로 본 영화를 잊지 않고 잘 기억하고 있는 이유는 그 줄거리를 영상화해 기억하고 있기 때문이다. 예를 들면, 아스팔트 길 → 횡단보도 → 보도블록 → 화단 → 계단 → 유리 → 바닥 → 흙 → 얼굴 → 문 → 카펫 → 책 → 선생님 → 이야기 → 흥미.

　위의 15단어를 암기해 순서대로 말해봐라. 위의 단어들을 스토리화하거나 영상화하면 쉽게 기억할 수 있다.

∴ 스피치의 프로와 아마추어의 차이

스피치에 있어 프로와 아마추어의 차이는 어디에 있을까?

① 말을 시작할 때 사자성어를 동원하면서 유식을 떨면 아마추어, 가벼운 신변잡기로 자연스럽게 풀어가면 프로이다. 거창하게 시작한

아마추어는 뒷감당을 못 하고 허점을 드러내고, 가볍게 시작한 프로는 갈수록 상대를 빠져 들게 하는 깊이가 있다.

② 말을 풀어가는 데 오토바이 달리듯 정신없이 쏟아부으면 아마추어, 황소가 어기적어기적 걸어 나가듯 천천히 진행하면 프로이다. 아마추어는 정신없이 달리다 스피치의 방향과 내용을 잊어버리기 십상이고, 프로는 상대가 가려워하는 곳을 구석구석 긁어가며 공감적인 말을 펼친다.

③ 실수가 두려워 말할 기회를 피하려 들면 아마추어, 실수를 최고의 경험으로 알고 말할 기회를 이용하면 프로이다. 아마추어는 점점 말할 기회가 없어져 눌변가로 전락하고 프로는 경험이 쌓여 유창한 달변가가 된다.

핵심 잡아 느낌 그대로 말하기

우리는 각종 모임에 나가서 서로 인사말을 나누게 된다. 그곳에서 "실록의 향연, 새 봄을 맞이해……"라며 첫마디를 던져놓고 그 다음에 어떻게 말을 이어가야 할지 몰라 당황하는 이들을 많이 보게 된다. 의외로 많은 사람이 새로운 모임에서 인사하는 것을 부담스러워한다. 무슨 말부터 먼저 해야 할지 모르겠다며 하소연하는 이들을 만나면 필자는 "느낌 그대로 말해라"라고 조언해준다.

느낌 그대로 말하기의 공식

❶ 계절이나 상황(분위기)을 말한다.
예) "오늘 아침 일어나 창문을 여는 순간 상큼한 공기가 좋았습니다. 더구나 눈에 비치는 광경이 온통 초록빛이어서 마음이 안정되는 느낌이었습니다. 역시 5월은 자연의 위대함을 일깨우는 계절인 듯합니다."

❷ 자기 자신을 간단히 소개한다.
예) "저는 스피치커뮤니케이션 분야에 대한 연구와 저술 활동 그리고 강의를 하고 있는 화술 전문가 윤치영이라고 합니다. 저는 직장인을 대상으로 '주말 스피치 강좌'를 진행하고 있습니다."

❸ 청중에 대한 인사를 한다.
예) "이곳에 함께하는 모든 분은 높은 덕망과 학식을 겸비한 분들로 지역사회에서 봉사 활동에 앞장서는 것으로 알고 있습니다. 제가 오늘 여러분과 함께 모임에 참여하게 되어 영광입니다."

❹ 마음의 각오로 마무리한다.
예) "여러분! 봉사는 베푸는 것이 아니라 나누는 것이라 합니다. 우리가 가지고 있는 따뜻한 사랑을 사회에 나누어줍시다. 저도 미력하나마 작은 힘이 되겠습니다. 감사합니다."

중요한 것은 다양한 수식어를 동원해 말하지 말라는 것이다. 그냥 자신의 느낌을 그대로 말로 이어가면 된다.

02 효과적인 스피치 구성과 표현 방법

요즘 각종 보고나 제안의 스피치(프레젠테이션)는 화려한 쇼처럼 대형화하는 경향이 있다. 첨단 장비가 등장하고 크리에이티브 시안에도 많은 비용을 들여 아예 제작물을 만들어버리기도 한다.

그렇다면 스피치 평가 요소에는 어떤 것이 있을까? 분명한 목표, 매끄러운 진행, 인상적인 오프닝, 안정감, 에너지, 성실성, 명쾌한 요약, 광고주와의 교감, 확실한 결론, 문장 구사 및 연결 능력, 화자의 신뢰감과 호의도, 광고주와 광고주 사업에 대한 이해도, 깔끔한 마무리 등이다. 그런데 이러한 여러 가지의 평가 요소는 3가지 요소로 요약될 수 있다. 바로 내용what과 연출how, 그리고 전달who이다.

내용what은 말 그대로 스피치에서 이야기하고자 하는 내용이다. 연출how은 그 내용을 포장하는 방법을 말하는 것이다. 그리고 전달who 이란 프레젠터가 메시지 내용을 전달하는 방법을 말하는 것이다. 그렇다면 그 스피치 3대 평가 요소에 대해 더욱 구체적으로 알아보겠다.

❶ 내용what이란

그 장소, 그 시간에 그 사람들에게 들려주고 보여주는 내용물을 말한다. 광고 기획서의 내용이나 제작물 크리에이티브 시안 등이 바로 그것이다.

❷ 연출how이란

내용what을 매력적, 감동적으로 받아들일 수 있도록 특별하게 포장하는 것을 말한다. 이런 연출을 하려면 기본 전략이 필요하다. 바로 3P 분석이 바탕이 되어야 한다. 3P 분석이란 청중people · 목적purpose · 장소place를 말한다.

　청중 분석이란 청중의 수, 인구 통계학적 특성(남녀노소), 그 사람들의 지식 수준, 그리고 핵심 인물Decider & Influencer을 파악하는 것으로 AIKAPPAudience's Interest, Knowledge, Attitude, Position, Politics라는 분석 매뉴얼도 있다.

　그리고 목적 분석이란 이 스피치에서 어떤 결과를 원하는지 그 분명한 목표를 가지고 접근해 들어가는 것을 말한다. 이때에는 어떤 목적, 저때에는 어떤 목적, 그래서 결과적으로는 어떤 목적을 이룰 것인지 면밀한 작전을 짜야 한다.

  장소 분석이란 스피치 회의장, 주변 환경 및 실내 환경, 좌석 및 실내 배치에 대해 사전에 꼼꼼히 검토하고 그 주어진 상황에 착오가 없도록 하는 것이다.

❸ 전달who이란

스피치 당일 프레젠터의 전달 테크닉을 말한다. 스피치에서 프레젠터는 영화의 주연배우이며 오페라의 프리마돈나이다. 스피치에 있어서 화자가 말하는 내용인 언어적 커뮤니케이션의 중요성이 7%라면, 보디랭귀지 등 비언어적 커뮤니케이션은 93%의 중요성을 가진다. 그래서 그의 말하는 방법, 제스처, 목소리, 아이 컨택트Eye Contact, 움직임, 얼굴 표정에 따라 스피치의 성공과 실패 여부가 판가름 나기도 한다. 여기에서는 일상생활에서 필요한 각종 행사장에서의 인사말式辭, 강의, 강연, 인터뷰, 면접 등 자신을 보다 효과적으로 알리고 표현하는 '셀프 프레젠터Self-Precentor'로서의 전달 기술에서부터 제품이나 사업 설명회 등 기업의 전략적 차원에서의 '프로 프레젠터Pro-Precentor'로서의 기본 역량과 화력話力을 키우는 데 중점을 두고자 한다.

단계별 스피치 구성법

이해하기 쉬운 스피치란 말하고자 하는 내용이 듣는 사람에게 쉽게 전달되는 스피치를 말한다. 따라서 스피치는 상대방을 생각해서 구성해야 하며, 내용에 따라 순서를 어떻게 할 것인지를 중요하게 고려해야 한다.

❶ 서론 · 본론 · 결론의 3단계법

주제와 화제가 정해졌으면 말을 구성해야 한다. 구성이 부실하면 중언부언하다가 정작 자신이 전달하고자 하는 메시지는 정확하게 전달할 수 없는 경우가 많다. 훌륭한 스피치를 위해서는 효과적인 구성이 무엇보다 중요하며, 구성이 산뜻하면 듣는 사람에게 강하게 어필할 수 있다.

3단계법이란 스피치를 '서론, 본론, 결론'으로 진행해나가는 형식을 말한다.

① 제1단계(서론) 서론은 듣는 이로 하여금 앞으로 전개되는 논지나 내용에 호기심을 갖게 하는 도입 부분이다. 사람에 따라서는 스피치를 할 때 서론적인 언급이나 일화를 쓰지 않고 바로 본론으로 들어가는 경우가 있다. 하지만 이는 청중을 즉각적인 주의로 이끄는 감동적인 발단부, 즉

신선하고 인상적인 서론이 상대방을 사로잡는 데 얼마나 중요한 역할을 하는지 몰라서 그런 것이다. "시작이 반이다"라는 격언이 있듯이 서론에서 유머나 지혜가 담긴 위트로 분위기를 부드럽게 유도하면 듣는 이는 틀림없이 말하는 이의 스피치에 매혹될 것이다.

② 제2단계(본론) 본론은 스피치의 가장 중심 부분으로서 말하고자 하는 바, 즉 주제를 본격적으로 전개해야 한다. 서론에서 듣는 이를 성공적으로 이끌었다면, 본론에서는 말하고자 하는 바를 전개해야 한다. 말하는 이는 주요 문제를 항상 염두에 두면서 다른 사람의 생각을 인용하거나 일화나 실례를 들어 구체성을 부여하고, 끝까지 클라이맥스를 억제하면서 벽돌을 하나하나 쌓아 집을 짓듯 스피치를 전개해야 한다.

③ 제3단계(결론) 결론은 지금까지 전개된 내용을 요약해서 결말을 짓는 부분이다. 이때 듣는 이에게 감동과 여운을 남기는 것이 중요하다. 그러기 위해서는 처음 말하고자 했던 바를 안전한 곳까지 논리적으로 잘 이끈 다음 인상적인 끝맺음으로 잘 마무리해야 한다. 또한 시간 배분을 잘 해서 성급하게 결론을 내리지 않도록 해야 한다. 이 3단계 구성법을 시제時制의 3단계로 구분하는 방법도 있다. 즉 서론에서는 과거에 있었던 사실이나 경험을, 본론에서는 현재 체험하고 있는 사실을, 결론에서는 미래의 추측이나 결과를 스피치해 종결하는 방법이다. 이 구성법은 듣는 이에게 신뢰감을 주며 말하는 이에게는 자신감을 준다.

❷ 기승전결의 4단계법

3단계 구성법은 스피치의 기본적인 형식으로 너무 단순해 무미건조한 느낌을 줄 수도 있으므로 약간의 변화를 주는 것도 좋다. 그것이 4단계 구성법이다.

기승전결의 기起는 연극에서 말하는 개막이며, 문장에서는 첫 행의 시작 부분에 해당한다. 승承은 기起를 받아 보다 깊은 내용으로 심화한다. 전轉에서는 변화를 주어 의표를 찌르는 내용을 전개하고, 결結에서는 매듭을 짓는다. 기는 도입 부분인 서론을, 승은 사실, 관찰, 실험을, 전은 분석, 논증을, 결은 결론을 나타내는 것이다.

① 제1단계(기) 문제의 제기(제시, 소개)
② 제2단계(승) 문제 해결의 사례 제시(설명)
③ 제3단계(전) 새 화제, 새 해결책
④ 제4단계(결) 전체의 마무리

❸ 인간의 심리를 이용한 5단계법

인간의 사고 과정을 5단계로 나누고 이에 따라 스피치를 전개하는 방식이다.

① 제1단계 주의를 끄는 도입의 단계로서 듣는 사람에게 흥미를 갖게

한다.
② 제2단계 필요성을 보이는 단계로서 흥미를 갖기 시작한 듣는 이에게 중대한 선언을 한다.
③ 제3단계 필요를 만족시키는 단계로서 중요하고 필요한 문제를 해결하기 위해서 어떻게 하면 좋은가를 보인다.
④ 제4단계 구체화의 단계로서 문제 해결법을 보다 구체적으로 제시한다.
⑤ 제5단계 행동으로 이끄는 단계로서 듣는 이에게 결의를 다짐하게 한다.

이상의 5단계는 하나의 단계가 다음 단계를 이끌어낸다. 즉 각 단계가 다음 단계의 동기를 유발하는 순서라고도 볼 수 있으며, 오늘날 가장 널리 쓰이고 있는 구성법이기도 하다.

❹ 브레인스토밍 기법

브레인스토밍Brainstorming 기법이란 자유로운 발상과 생각을 통해서 자신의 생각을 가장 효과적으로 끄집어내는 기법으로, 스피치의 주제가 주어지면 그 주제에 관한 생각을 형식이나 고정관념의 틀에서 벗어나 자유롭게 풀어가는 형식을 말한다.

① 제1단계 스키마schema 단계이다. 스키마란 주제와 관련되는 배경 지식으로, 우리가 알고 있는 세상 모든 일에 대한 기억 사항을 말한다. 따라

서 한 주제에 대한 스키마는 사람마다 다를 수 있다.

② 제2단계 브레인스토밍 단계로 스키마 단계에서 배경 지식을 바탕으로 별다른 격식이나 형식에 구애됨 없이 주섬주섬 말해보는 단계이다.

③ 제3단계 자기주장 단계이다. 이 단계에서는 2단계에서의 자신의 주장을 보다 논리적으로 전개해본다.

④ 제4단계 개요 작성 단계이다. 3단계까지 스피치의 내용을 서론, 본론, 결론으로 나누어 개요를 작성한다.

∴ 메시지 전달

의사소통은 대부분 말이나 글을 통해 이루어진다. 이때 시각 자료나 워드 픽처를 함께 제공해보자. 상대방은 더욱 쉽고 명확하게 내용을 이해하고 오래 기억할 수 있을 것이다.

우리는 오감을 통해 모든 정보를 받아들인다. 생각이나 인상은 후각, 미각, 그리고 촉각을 통해서도 형성되지만 거의 대부분의 정보는 청각과 시각, 즉 오디오와 비디오식 방법을 통해 얻게 된다. 이렇게 정보를 받아들이는 방법은 특히 텔레비전이라는 매체를 통해 급격하게 자리 잡아왔다.

오디오와 비디오를 적절히 혼합한 '뽀뽀뽀'에서부터 '9시 뉴스'까지 다양한 텔레비전 프로그램을 시청해온 사람들은 동시에 귀와 눈을

통해 정보를 받아들이는 데 익숙해져 있다. 다른 사람과 의사소통을 할 때, 텔레비전의 이러한 '오디오 및 비디오식' 정보 전달 방법을 활용한다면, 보다 효과적으로 메시지를 전달할 수 있을 것이다.

❶ 시각 자료를 활용해라.

상당수의 임원이 강연 등에서 한 장씩 넘기며 설명할 때 사용하는 플로차트나 화이트보드를 개인 사무실 내에 비치해두고 회의나 발표 시 자신들이 말하는 내용을 뒷받침하는 시각 자료로써 활용한다. 논의되고 있는 주제를 차트나 그래프, 도형 또는 그림을 통해 설명하면 어떤 주제를 발표하건 간에 훨씬 더 효과적으로 전달할 수 있다. 사람들은 시각적인 이미지가 그려지는 내용을 들을 때 좀 더 빨리 이해하고 오래 기억하는 경향이 있다.

미국의 유명한 전문 방송 대학의 한 교수는 만화가라는 또 다른 직업을 갖고 있었다. 그는 강의를 할 때 만화나 캐리커처를 그려가며 설명을 하곤 했다. 다른 동료 교수들은 그가 진지하게 강의를 하는 게 아니라 그저 재미있는 오락 시간처럼 웃고 떠든다며 그를 비난했다. 물론 그의 강의는 오락 시간만큼이나 재미있었다. 그러나 학생들은 단지 평범한 강의에서 배운 것보다 훨씬 많은 양의 내용을 기억했을 뿐만 아니라 몇 년이 지나고 난 후에도 그 강의 내용을 기억하고 있었다.

❷ **미래에 대한 그림을 그려라.**

한 컴퓨터 세일즈맨이 잠재 고객 중 한 사람과 고민하는 문제에 관해 이야기를 나누다가 그가 지저분한 사무실 분위기 때문에 골머리를 앓고 있다는 것을 알게 되었다.

"사무실 곳곳에 서류랑 디스켓이 이리저리 굴러다니죠. 내가 필요한 서류를 찾는다는 건 하늘의 별 따기입니다. 분명히 저 서류 무더기 안에 들어 있을 테죠."

세일즈맨은 제품의 기술적인 측면을 설명하고 난 후 이렇게 말했다.

"지금으로부터 6개월 이후의 모습을 한번 상상해보십시오. 선생님께서 사무실로 들어옵니다. 책상이나 의자 위 어느 곳에도 서류나 파일이 없습니다. 직원들은 모두 개인 컴퓨터로 업무를 처리하고 있습니다. 필요한 파일을 찾고 싶으면, 컴퓨터 앞에 앉아서 원하는 파일의 이름을 입력하면 됩니다. 그러면 즉시 원하는 자료가 화면에 나타납니다. 기다리는 일도 짜증나는 일도 없습니다."

자사 제품을 이용하면 가까운 미래에 어떤 변화가 일어나고 또 어떤 이익이 있는지에 대한 워드 픽처를 그린 것이다. 고객이 그러한 워드 픽처를 실감하는 데는 그리 많은 상상력이 필요하지 않고 곧 제품 구입의 필요성을 깨닫게 된다.

❸ **인상에 남을 메모를 남겨라.**

메모나 서신은 시각적인 의사소통 수단이다. 그러나 우리가 직접 메모나 서신을 읽을 때는 청각적인 효과도 가져올 수 있다. 우리는 자료를 읽음으로써 우리 자신의 것으로 흡수한다. 만약 메모나 서신에 시각적인 효과를 첨가할 수만 있다면, 알리고자 하는 메시지나 정보를 훨씬 더 효과적으로 전달할 수 있을 것이다.

대부분의 사람이 숫자로 도배를 한 보고서를 읽는 것보다는 그래프나 차트로 설명을 듣는 것을 더 좋아한다. 조금만 시간을 들여서 자료를 도표로 처리하면 이러한 메모나 보고서를 훨씬 더 효과적으로 만들 수 있다. 꼭 정확한 수치를 원하는 사람에게 제출하는 보고서라면 보충 자료를 더 첨가할 수도 있다.

만약 그림이나 사진, 또는 다른 시각적인 자료를 사용한다면 메모로도 시각적, 청각적인 효과까지 전달할 수 있다. 자료를 여러 가지 다양한 종류의 그래프나 차트 형식으로 손쉽게 전환하는 컴퓨터 프로그램은 수도 없이 많다. 그래프나 차트에 색깔까지 가미한다면 훨씬 더 효과적일 것이다. 도표로 설명할 수 없는 종류의 메모라면, 워드 픽처를 활용해봐라. 시각 자료 및 워드 픽처를 적절하게 사용하면 말이나 글로 의사소통을 할 때, 훨씬 더 명확하고 극적인 효과를 연출할 수 있다.

이야기 구성법

사람들은 사람 앞에 서면 자칫 '좀 더 고상한 단어로, 수준 높은 문장을 구사할 수 없을까?' 란 생각에 유식을 떨려다 보니 말하는 것을 어렵게 느낀다. 좀 더 수준 높은 말을 하겠다는 집착이 말을 어렵게 만들고 마는 것이다.

효과적인 표현 방법에 대해 알아보겠다.

❶ 감정의 상승효과를 이용한 점층법

이 방법은 표현하는 말의 비중이나 정도를 한 단계씩 높여서 전달하는 방법이다. 연사가 하려는 말을 점점 강하게, 높게, 깊게 층을 이루어 절정으로 이끌어 올림으로써, 청중의 분위기를 고조시켜 상승효과를 도출해낸다. 어떤 일을 권유하거나 행동을 촉발시키기에 적합한 순서는 모두가 쉽게 생각하고 동의한다. 그러나 거기서 출발해 일이나 행동이 커짐을 연사는 설득력 있게 설명해야 한다.

❷ 의미를 강화하는 억양법

이 방법은 앞에서 누른 다음 뒤에서 치켜세우거나, 먼저 나무란 후 나중에 칭찬하는 형식을 취해 의도하는 바를 더욱 강조하는 표현 방법이다. 단순한 예로, "그는 모르는 게 많지만 사람은 좋다"라든가, "그는 조금 모자란 듯하지만 사람이 착실하다"라는 표현을 쓰면 보다 의미가 강화된다.

❸ 상대를 공격하는 반어법
이 방법은 겉으로 나타낼 내용과 속에 담고 있는 내용을 서로 반대되게 나타내는 표현 방법으로, 말과 상황 간의 모순을 기본 바탕으로 한다. 위트나 풍자 해학을 이용해 의도하고자 하는 바를 왜곡하여 표현한 후 더욱 커다란 효과를 노리는 기법이다. 이러한 기법은 상대방을 공격하는 데 효과적이다. 반어법을 사용한 비판은 상대를 불쾌하게 만들지 않으면서 말할 수 있기 때문에 매우 효과적이다. 상대하기 까다로운 사람이나 자신보다 높은 사람의 경우에 이러한 반어법을 사용하면, 상대에게 불쾌감을 주지 않고도 말하고자 하는 바를 전할 수 있다.

❹ 청중으로 하여금 판단하게 하는 설의법
누구나 다 아는 사실을 짐짓 의문 형식으로 제시해 듣는 이로 하여금 스스로 판단을 내리게 하는 기법이다. 이 방법은 듣는 사람에게 판단을 맡김으로써 함께 생각할 수 있는 일체감을 조성하고, 호소력을 남기는 효과를 거둘 수 있다.

❺ 굳은 믿음을 뒤집는 역설법

사람들이 기본적으로 믿고 있거나 알고 있는 기존 상식과 생각을 다르게 해석해 의미를 뒤집는 기법이다. 낯익은 것을 낯설게 뒤집어서 표현하면 청중은 참신하게 받아들인다. "게으른 사람이 성공한다." 이렇게 말하면, 열심히 노력하는 사람이 성공한다고 믿고 있던 청중은 의아스러움과 함께 호기심을 느끼게 마련이다.

"하루 종일 일에만 매달리기보다는 충분한 재충전과 자기 개발에 시간을 투자해라. 또한 반복적인 일상생활에서 과감하게 탈피해 자신만의 시간을 가져봐라. 그러면 새로운 아이디어가 떠오를 것이다. 아이디어와 정보를 얻으면 성공이 눈앞에 보이지 않겠는가"라고 이야기하면 그제야 청중은 이해를 하고 고개를 끄덕이게 될 것이다. 물론 그런 사람을 '게으른 사람'이라고 표현한 것은 조금 과장된 표현이지만, 기존의 통념을 뒤집어서 자기주장을 전개하는 방법은 청중의 관심을 끄는 데 매우 효과적이다.

구체적인 표현 방법

❶ 평가적 표현보다 설명적 표현을 해라.

"리포트를 잘못 써 왔기 때문에 점수가 나쁜 거야"라고 결과만 이야기하는 평가적 표현보다는 "자네 리포트는 참고 문헌이 빠졌고, 결론이

없기 때문에 좋은 점수를 받을 수 없네"라고 명분을 설명하는 설명적 표현을 해야 한다. 즉 평가나 추론의 말보다는 설명과 관찰에서 나온 말을 해야 한다.

❷ **통제적 표현보다 문제 중심적 표현을 해라.**
마치 자신이 타인을 통제할 능력이 있는 것처럼 "내가 하라는 대로만 공부하면 좋은 학점을 받을 거야"라는 통제적 표현보다는 "성적을 올리려면 어떻게 하는 게 좋을까?" 혹은 "성적 올리는 데 내가 도와줄 것이 뭘까?", "수학이 부족한 것 같으니, 그 분야를 집중적으로 보충해보는 게 좋겠네" 등의 문제 중심적 표현을 해야 한다.

❸ **중립적 표현보다 감정이입적 표현을 해라.**
"내가 알 바 아니야" 혹은 "그건 네 문제야"라는 중립적 표현은 무관심의 표현이다. "네 마음이 어떨지 알아" 혹은 "이런 걸 한번 해보면 어떨까?"라고 감정이입적으로 표현하면 이해와 관심으로 해석될 수 있다.

❹ **우월한 표현보다 대등한 표현을 해라.**
"내 말이 맞다는 걸 곧 알게 될 거야" 혹은 "내 말을 알아들었다니 기쁘구나"라는 우월한 표현보다는 "아무도 정답을 알 수는 없지"처럼 대등한 표현을 해야 한다.

❺ 단정적 표현보다 잠정적 표현을 해라.

"누가 가장 잘 알고 있는 사람인지 모르고 엉뚱한 소리 하는 사람들 때문에 언제나 문제가 커진다니까"라는 단정적 표현보다는 "모두 다 훌륭하시지만 아마도 여러분을 위해 가장 열심히 발로 뛸 사람은 제가 아닐까요?"라는 잠정적 표현을 해야 한다.

스피치의 다양한 수사법

스피치를 할 때도 글을 쓸 때와 마찬가지로 다양한 수사법을 이용해 생동감 있게 말해야 한다. 수사법修辭法이란 상대로 하여금 말하는 이의 감정을 보다 효과적으로 이해하고, 공감과 설득을 쉽게 하기 위한 표현 방법이다. 여기서는 스피치에서 사용되는 대표적인 수사법을 살펴보기로 하자.

❶ 이야기 도입법

자신이 겪은 경험담이나 실화로 이야기를 시작하면 청중의 마음을 사로잡는 스피치가 훨씬 수월하다. 이야기가 시작되면 청중은 어떻게 전개될지, 어떻게 끝날지 궁금해하면서 주의 깊게 듣게 된다. 그렇기 때문에 이야기 도입법은 스피치에서 가장 즐겨 사용되는 수사법이다.

❷ 긴장 유발법

서스펜스 또는 긴장 유발법은 청중의 긴장을 유발하는 수사법이다. 이 방법은 청중의 관심과 기대를 최대한 모을 수 있을 뿐 아니라, 점차 긴장의 해소와 함께 주제와 연관하여 풀어나갈 경우 대단한 효과를 거둘 수 있다.

❸ 기습 선언법

기습 선언법이나 깜짝 쇼는 청중이 예상하지 못했던 자극적인 말을 서두에 장식해 기대와 관심을 집중시키는 방법이다. 이 방법은 사실과 과장이라는 두 가지 소재를 모두 사용할 수 있는데, 지나치게 연극적이거나 이야기가 너무 과장되어서는 안 된다. 유의할 점은 청중에게 신선한 충격을 가져다주지 못하면 오히려 역효과를 가져올 수도 있다는 것이다.

❹ 단도직입법

단도직입법은 꾸밈없이 있는 그대로를 말하는 것이다. 청중의 흥미를 이끌어내기 어려운 주제거나, 청중이 지체 없이 본론을 이야기해주기를 바라고 있는 경우에는 질질 끌거나 말을 돌리지 말고 바로 본론으로 들어가는 것이 효과적이다.

❺ 질문 답변법

질문 답변법은 누구나 다 아는 사실을 의문 형식으로 제시해 청중의 대답을 이끌어내며 스피치를 진행하는 방법이다. 이때의 질문은 단지 수사적인 질문으로, 청중의 대답을 직접 듣지 않고 스스로 답을 제시하는 것이 보통이다. 때로는 청중을 지목해서 직접 답변을 듣기도 하고, 거수와 같은 신호를 이용해서 청중의 의견을 알아보기도 한다.

❻ "만약에 ……이라면"법

화제의 폭을 넓히려면 상상력을 동원하면 된다. 창의력이란 지칠 줄 모르는 상상력이다. 상상력을 동원한다는 것은 창의적인 말을 할 수 있다는 것이다.

"만약에 ……이라면"이란 가정(상상)은 사람들의 관심을 끌기에 충분한 스토리를 생산해낸다. 대체적으로 많은 사람은 한정된 시제에 국한하여 말을 한다. 현재 상황이면 현재의 상황만을, 과거의 일이면 과거의 일에 대한 얘기에 국한하여 말을 한다는 것이다. 그러니까 스피치의 폭을 넓혀갈 수 없다. 그러나 사람들에게 타임머신을 탄 것처럼 종횡무진 현재를 얘기하다가 과거로 거슬러 올라가 마치 지금 벌어지고 있는 양 현재 시제로 말하면 청자는 당신의 말에 매료될 것이다.

❼ 시적詩的 표현법

사람은 딱딱한 것보다는 부드러운 것을, 차가운 것보다는 따뜻한 것을, 무미건조한 것보다는 정감 있는 것을 좋아하기 마련이다. 말을 할 때도 부드럽고 따뜻하고 감각적인 언어로 문학적인 감각을 살려 스토리화해서 말하면 사람의 뇌리와 가슴을 파고든다.

효과적인 말하기 실전 기법

의사소통은 크게 언어적 기법과 비언어적 기법의 두 가지 종류가 있다. 의사소통에 있어서 언어적 기법보다는 비언어적인 기법이 훨씬 중요하다. 실제로 의사소통에 관한 연구 결과, 말의 내용은 전체 의사소통에서 7%만을 차지하고, 말투나 억양이 38% 정도, 몸짓이나 표정, 자세, 분위기와 같은 비언어적인 요소가 55%를 차지한다고 한다.

❶ 비언어적 기법

가능한 한 가까운 거리에서 대화한다. 몸의 거리가 마음의 거리를 나타내는 것일 수도 있다.

   자세는 편안하게 약간 앞으로 숙이는 게 좋다. 고개를 뒤로 한 고압적인 자세는 상대방에게 위압감을 주어 따뜻한 대화 분위기를 해친다.

   시선은 상대방의 눈을 향한 채 이야기한다. 특히 중요한 말을 할 때 시선을 마주치면 자연스럽게 그 내용이 강조되어 전달된다. 물론 노려보는 듯한 시선은 피해야 한다.

표정은 여유 있는 은은한 미소가 좋다.

몸짓은 자발적이고 자유스러운 제스처를 이용할 수 있어야 한다. 손동작이나 몸짓을 자연스럽게 시도해보자.

음성은 딱딱하지 않은 따뜻한 목소리가 좋다. 지나치게 큰 소리, 높은 음역의 말소리는 피하자.

듣는 이의 반응은 말하는 이의 표현 방법뿐만 아니라 말하는 이의 '음조'에 의해서도 영향을 받는다. 자신이 하는 말이 참말이라는 어떤 주장도 그 말을 하는 방법에 담긴 비언어적 표현의 확인만은 못하다. 한 여자에게 "난 당신을 사랑해요"라고 말하는 남자는 어떤 태도를 전하기 위해 문장을 쓰고 있다. 그러나 이 여자가 조금이라도 눈치가 있다면 남자가 뱉은 말보다는 이 말을 할 때 동시에 내는 목소리에 더 많은 주의를 기울일 것이다. 말하는 이가 사용하는 여러 가지 목소리의 변화를 주변 언어 paralanguage 라고 부르는데, 이에는 목소리의 높낮이, 강도, 강세, 속도, 크기 등이 포함된다.

❷ **언어적 기법**

앞서 얘기한 대로 의사소통에 있어서 비언어적 기법은 대화의 분위기나 결과에 상당한 영향을 준다. 하지만 역시 그 내용의 중심이 되는 언어적 기법 또한 무시할 수 없다. 100% 효과적인 의사소통을 위해서는 다음과 같은 언어적 기법에도 신경을 쓸 필요가 있다.

① 남이 아닌 자신의 견해를 이야기한다. "○○가 그러는데……" 식으로 남의 의견을 내세우면 상대방에게 거부감을 주기 쉽다. "나의 의견은 어떻다", "나는 어떻게 느꼈다"라고 표현해보자.
② '너' 대신에 '나'를 사용한다. "너는 왜 항상 약속을 안 지키니?"보다는 "나는 네가 약속을 안 지키는 것이 걱정이란다"가 상대방의 긍정적인 반응을 이끌어낼 수 있다.
③ 두루뭉술하게 이야기하지 말고 구체적으로 예를 들어 말한다. 특히 청소년의 행동과 연관된 대화를 하는 경우, 문제가 된 행동에 대해 느낀 대로 말해준다. 가능한 최근의 예를 들어 말하는 것이 효과적이다.
④ 가능한 한 짧게 이야기한다. 빙빙 돌려서 말하는 것은 상대방에게 저항감을 불러일으킨다. 결론이나 요지를 먼저 간략하게 말하고 대화를 시작하는 것도 요령이다.
⑤ 상대방이 듣고 있는지 자주 확인한다. 나는 내 할 말만 하면 된다는 태도보다는 상대방의 반응을 확인해가며 말하는 것이 좋다.
⑥ 상대방의 의견을 알아보려는 노력을 한다. 대화란 주고받는 것이다. "나는 이러이러한데 너의 생각을 듣고 싶구나"라는 식의 말을

자주 하는 것이 좋다.

⑦ 자신이 듣고 있음을 보여준다. 말할 때, 자신도 고개를 끄덕이며 "음, 그래?", "아하" 등의 소리를 내는 것이 필요하다.

⑧ 칭찬과 지지를 아끼지 않는다. "야, 조리 있게 의견을 잘 표현하는 구나", "참 잘했어", "그때 참 기뻤단다"라는 식의 긍정적인 말은 보다 개방적인 대화 분위기를 유도한다.

혼자서 연설 연습하는 방법

- 신문 기사 등 간결하고 논리적인 문장을 소리 내어 읽는다.
- 자신이 한 말이 제대로 된 문장인지 받아 적어본다.
- 자신의 말을 녹음해 음성과 어조 등을 분석해본다.
- 거울 앞에서 이야기해보거나 비디오카메라로 녹화해 말하는 태도와 어조 등을 분석한다.
- 사람들 앞에서 말할 기회나 낯선 사람에게 말을 거는 기회를 자주 만든다.
- 프레젠테이션, 회의, 면접 등 말할 기회가 있을 때는 항상 철저히 준비한다.
- 신문 읽기나 독서 등을 통해 평소 풍부한 화제를 만들어놓는다.

연설의 기법

좋은 말의 조건은 진실하고, 명쾌하고, 간결하며, 자연스럽고, 적절해야 한다는 것이다. 따라서 훌륭한 스피커(연사)가 되려면 인격과 지식, 적극적인 태도를 갖추고 자신감을 가지며 상황을 파악하고 마지막으로 연설의 기법을 숙지해야 한다. 이를 위해 유의할 점은 다음과 같다.

① 내용에 대한 준비를 철저히 한다. 남이 써준 원고라도 반드시 먼저 검토하고 수정, 보충할 부분이 있는지 살핀다.
② 일목요연하고 읽기 쉽게 원고를 작성한다. 수치와 근거(자료 출처) 등은 다시 확인한다.
③ 내가 무엇을 말하려 하는지 목적을 명확히 한다.
④ 청중의 수준과 욕구와 태도, 감정 상태, 구성상 특성 등을 파악한다.
⑤ 스피치 시간은 5분 이내, 길어야 20분을 넘기지 않는다.
⑥ 시간과 장소, 행사 성격에 맞춰 내용을 조정한다.
⑦ 스피치 첫머리에 좌중을 집중시키는 인상적인 발언을 배치한다.
⑧ 제스처와 연설의 메시지가 조화되도록 한다.
⑨ 청중이 동참하는 느낌을 갖도록 질문을 던져 대답을 유도한다.
⑩ 간단한 예화나 유머를 넣는다.
⑪ 경제적인 묘사, 창의적인 표현을 사용한다.

03 감성 스피치

절대적인 가치 기준이 허물어져 가고 있는 포스트모더니즘에서 또 다른 절대적 가치가 부상하고 있다. 그것은 절대 속에 억압돼 있던 감성이다. 그래서 이 시대를 감성의 시대라고들 한다. 감성은 인격의 상태를 지각하게 하고 또 인격이 필요한 방향으로 움직이게 하는 중요한 동력이기 때문에 그 어떠한 힘과 기준에 의해서도 무시되거나 억압되어서는 안 된다.

전문가들은 단순한 판단력이나 형식적인 논리력 등 지능을 넘어 자신의 감정을 조절하는 것이 중요하다고 말한다. 그렇다면 그것은 어떤 것으로 구성되어 있을까? 첫째 자신의 감정을 아는 힘, 둘째 자신의 감정을 조절하고 통제하는 힘, 셋째 자신에게 동기를 부여하고 자신의 잠재 능력을 계발하는 힘, 넷째 다른 사람의 감정을 이해하고 내 안에서 다시 경험하는 힘, 다섯째 사회적 관계를 형성하는 힘 등이다.

감성지수가 높은 사람은 자기 자신의 감정을 잘 이해하는 동시에 조절 능력이 뛰어나다. 그리고 이를 바탕으로 다른 사람의 감정을 이해하고 조절할 수 있기 때문에 감정의 흔들림 없이 여러 가지 위기에 잘 대처할 수 있으며 다른 사람을 공감시키는 능력 또한 탁월하다.

공심위상功心爲上이란 마음을 공략하는 것이 상책이란 뜻이다. 상대방의 마음에 공감을 일으킬 수 있는 에너지가 EQ이다. EQ는 몇 가지 요소로 구성된다. 첫째 자신의 감정을 아는 능력, 둘째 정서를 올바르게 표현하는 능력, 셋째 자신의 감정을 잘 다스리는 능력, 넷째 상대방을 이해하는 능력, 다섯째 감정을 승화하여 자기 발전의 에너지로 활용하는 능력이다.

차가운 이성보다는 따뜻한 감성이 사회, 문화, 소비 시장에 스며들고 있다. 따라서 곳곳에서 지능지수IQ보다는 감성지수EQ에 대한 논의가 활발해지고 있다.

감성지수를 높여라

EQ가 높은 사람은 남과 쉽게 공감할 수 있다. EQ가 높은 사람은 온화한 얼굴, 부드러운 시선, 밝은 표정, 애정이 가득 찬 목소리를 소유하고 있다. 화안애어 和顔愛語, 즉 사랑스런 말과 표정은 굳게 닫힌 마음의 문을 열게 한다. 그것은 훈훈한 에너지를 발산한다. 어두운 인생의 길목에 희망찬 한 줄기의 빛을 보내는 것이다.

상대를 움직인다는 것은 상대에게 자신이 생각하는 것과 같은 생각을 갖게 하는 것, 자신이 기대하는 대로 행동하게 하는 것이다. 그러려면 어떻게 해야 할 것인가, 인간 누구나가 자기 나름대로의 판단 기준을 가지고 있다. 그 기준을 무시하고 이쪽이 아무리 열을 낸다 해도 상대는 협박, 강제, 회유로밖에 받아들이지 않을 것이다. 마음의 벽은 두꺼운 것이다. 이쪽이 강하게 나가면 나갈수록 점점 그 벽은 두꺼워진다. 상대의 기준과 같아질 수는 없다 하더라도 가까이 가도록 노력하는 자세가 필요하다.

상대가 갖는 인식과 가치 체계에 대한 이해, 이것이 상대방에 대한 진정한 배려와 이해이다. 대화란 선의가 바탕에 깔려 있을 때 비로소 상대에게 깨끗한 여운을 남기는 것이다. 이야기가 상대에게 마음의 상처를 주고, 상대 또한 그 반동으로서 듣기 싫은 소리를 하게 되는 것은 서로에게 애정이 없기 때문이다.

상대방을 잘 배려하고 이해하기 위해서는 대화 중 감정이입이 중요하다. 감정이입은 경청과 비슷한 것으로 내 입장에서 이해하는 것이 아니라, 그의 감정 및 상태에 들어가는 것, 곧 입장을 바꿔놓고 생각하는 것이다. 이해understand도 바로 그 사람의 상태stand 아래under로 들

성공화술백서

어가는 것을 말한다. 이것은 자신의 관점보다 상대방의 관점에서 세상을 보며, 상대방의 경험을 자신의 경험 속에서 재창조하는 것이다.

∷ 감성의 리더십으로 무장해라

감성의 시대를 이끌고 감성으로 움직이는 디지털 세상의 승자가 되려면 감성의 리더십으로 무장해야 한다. 자신의 내면을 봐라. 그리고 자신만의 감성 바이러스를 찾아내라. 그것을 자신의 이야기에 담아 퍼뜨려라. 당신 자신을 이야기가 있는 상품으로 만들어라. 그렇게 하면 당신이 곧 감성의 리더가 된다.

 고대 중국의 한 황제가 궁정 수석 화가에게 궁궐에 그려진 벽화를 지워버리라고 명령했다. 이유인즉 그 벽화 속의 물소리가 잠을 설치게 한다는 것이었다. 이 일화는 우리에게 인간의 감각과 느낌, 곧 감성을 새삼 다시 생각하게 만든다.

 인간은 감성을 갖고 있다. 인간은 이耳, 목目, 구口, 비鼻, 미味 등의 다양한 감각 능력을 복합적으로 응집하여 표현할 수 있는 '감성 융합의 달인'이다. 그리고 그 감성을 통해 소통하는 존재다.

 종래의 아날로그 시대는 '감성 분할의 시대' 였다. 반면 디지털 시대는 '감성 융합의 시대' 다. 아날로그 시대에는 하나의 미디어에 하나의 감성 능력을 대응시킬 수밖에 없었다. 귀에 대응하는 라디오, 눈에 대응하는 신문 등으로 말이다. 결국 모노미디어Monomedia에 그쳤던 셈이다. 따라서 아날로그 방식의 모노미디어는 라디오 따로, 신문 따로, 텔레비전 따로라는 식의 감성 능력의 따로국밥일 수밖에 없었다.

반면에 디지털 방식의 멀티미디어는 인간의 몸 안에서 오감을 자유로이 뒤섞듯이 하나의 미디어 안에서 사운드, 이미지, 텍스트, 데이터의 다양한 요소를 자유자재로 섞어서 저장, 전달, 재생하는 것을 가능하게 했다. 감성 능력의 섞어찌개를 만든 셈이다.

이처럼 우리가 살고 있는 디지털 세상은 '0과 1의 조합'이라는 경직된 숫자 조합의 세계가 아니라, 매우 유연한 '감성 융합'의 세계다. 감성 융합인 디지털은 '테크닉의 로직(=테크놀로지)'이 아닌 '감성의 로직(=센소러지)'에 따라 움직인다. 그리고 '나눔의 로직(=쉐어러지)'과 함께 확장하며 감성의 그물망을 펼친다. 거기서 느낌의 공동체가 만들어지고, 감성의 사회가 열린다. 따라서 디지털 세상의 진정한 승자가 되려면 감성으로 승부해야 한다. 그러니 감성을 자유롭게 해라. 감성의 로직을 존중하고, 감성의 그물망을 펼쳐라. 거기에 자신만의 독특한 감성 바이러스를 퍼뜨려라. 그러면 승리한다. 감성이 승리한다.

시장은 '동감同感의 영역'이다. 함께 느끼는 것이 시장인 것이다. 금리가 낮아져 이곳저곳 기웃거리는 돈의 흐름도, 주식장의 오르내림도 결국은 사람들이 동감의 그래프를 그리며 연출해내는 거대한 감성의 흐름에 다름 아니다. 이렇듯 시장은 동감의 원리에 따라 거대한 감성의 흐름을 만든다. 여기서 '감성의 시장'이 열린다.

　감성의 시장은 곧 욕망의 시장이다. 필요의 시장이 아니다. 필요 needs에 따른 상품을 파는 시장은 더 커지기 어렵다. 그러나 욕망desire을 담은 상품을 파는 시장은 새롭게 확장되어 끝없이 펼쳐진다.

　너도나도 자동차를 탄다. 그러나 이제는 '필요의 자동차'가 아니라, '욕망의 자동차'를 탄다. 필요에 의해서만 탄다면 자동차 시장은 이미 포화 상태다. 그러나 욕망으로 타기에 자동차 시장은 계속 팽창한다.

　감성의 시장에서 팔리는 욕망의 상품은 모두 이야기를 담는다. 말 그대로 '이야기가 있는 상품'이다. 그 이야기에는 전염성이 있다. 감성 바이러스가 담겨 있기 때문이다. 상품의 질로만 승부하던 시대는 지났다. 이제는 상품에 담기는 이야기로 승부한다. 물론 그 이야기에 감성 바이러스가 스며 있어야 한다. 감성의 시장이 그것을 요구하기 때문이다.

　나이키도 오래 신으면 밑창이 닳기는 매한가지다. 그러나 나이키는 '승리, 신화, 불패' 등의 이야기를 담아냈다. 그래서 동일한 질의 신발보다 몇 배가 비싼데도 여전히 잘 팔린다. 몽블랑 만년필도, 루이뷔통 핸드백도 같은 원리다. 사람들은 물건을 사는 것이 아니라, 그 상품에 담긴 이야기를 산다.

　감성 바이러스에 감염되면 사람들은 기꺼이 비싼 대가를 지불하면서 '이야기가 있는 상품'을 선택한다. 그리고 그것을 자신의 삶에 접붙인다. 자신을 그 감성 바이러스가 넘실대는 이야기에 집어넣는다. 결국 감성 시장은 감성 바이러스가 넘쳐나는 '이야기가 있는 상품'이 지배하게 된다.

이야기가 있는 상품이 곧 '콘텐츠'다. 그러나 아무 이야기나 담는다고 해서 부가가치가 큰 콘텐츠가 될 수는 없다. 반드시 전염성 강한 감성 바이러스가 담겨야 한다. 감성 바이러스에 감염된 이야기가 있는 상품만이 대박을 터뜨린다. 결국 이미 열린 감성의 시장에서는 다른 무엇보다도 '감성의 휘몰이'를 해내는 사람과 조직이 이긴다.

지금은 감성의 시대다. 우리는 이성의 시대를 살고 있는 것이 아니다. 물론 감성이 비非이성 혹은 반反이성이라고 생각할 필요는 없다. 이제 '이성, 감성'의 이분법적 사고에 얽매이지 말자. 그것은 근대의 함정이다. 근대성의 간계奸計일 뿐이다. 결국 감성의 시대를 이끌고 감성의 로직으로 움직이는 디지털 세상의 승자가 되려면, 또 감성의 시장에서 이기고 공감으로서의 커뮤니케이션을 폭넓게 펼치려면 새로운 리더십, 곧 '감성의 리더십'으로 무장해야 한다.

감성의 리더십으로 무장하기 위해서는 무엇보다도 스토리텔링 storytelling에 강해야 한다. 스토리텔링은 감성을 운반하고 감성 바이러스를 퍼뜨리는 매개다. 또 스토리텔링은 감성 융합인 디지털 시대에 콘텐츠라는 가장 큰 부가가치 상품의 생산방식이다. 하버드대학의 교육심리학자 하워드 가드너가 말한 것처럼 우리 시대의 리더는 다름 아닌 스토리텔러다.

해박한 지식과 논리적 설득이 아니라, 감성 바이러스가 담긴 이야기를 통해 사람들의 잠재된 욕망을 자극하고 공감을 끌어낼 수 있다면 그가 곧 리더다. 감성 융합인 디지털의 시대는 감성의 리더십을 고대한다. 조직은 스토리텔링이 강한 '감성의 CEO'를 원한다. 시장은 감성 바이러스가 넘쳐나는 '이야기가 있는 상품'을 요구한다.

감성 스피치를 위한 스토리텔링 커뮤니케이션

"사실이란 자루와 같아서 속이 비어 있으면 바로 서지 못한다. 그것을 세우기 위해서는, 먼저 온갖 느낌과 이유를 그 속에 가득 채워 넣어야 한다"라는 말이 있다.

'사실'은 사람이 이미 간직하고 있는 고정관념을 바꿀 만한 힘이 없다. 영향을 미치려는 대상에게 사실만을 말하는 건 시간 낭비다. 먼저 이야기를 하고 난 다음에 사실을 덧붙이면, 영향을 미칠 수 있는 확률이 배는 높아진다.

스토리텔링, 한마디로 이야기하기다. 그것도 재미있고 쉽고 짤막하게 이야기하기다. 재미없는 이야기를 장황하게, 더구나 이해하기 어렵게 하는 사람을 좋아하는 이는 아무도 없다. 우리가 강의를 들을 때도 짤막하지만 두고두고 기억에 남는 스토리가 있다. 스토리텔링은 이처럼 강력하다.

우리의 인생은 설득의 연속이다. 다른 사람을 설득할 때는 두 가지 방법이 있다. 하나는 이성에 호소해 논리적으로 설득하는 것이고, 다른 하나는 감성에 호소하는 것이다.

사람들은 단순히 물건을 사는 것이 아니라 물건을 통해 자신이 추구하는 가치나 삶의 의미를 표현하고자 한다. 기업은 그 상품이 갖는 뒷이야기를 퍼뜨리고, 고객은 그 상품의 이야기, 곧 의미를 개인적으로 공감하며 친구가 되어 물건을 사게 된다. 현명한 사람은 낯선 사람을 만날 때 일보다 개인적인 이야기를 하면서 호감을 얻듯이, 고객의 마음을 얻으려면 머리보다는 가슴으로 다가가는 것이 효율적이다. 이것이 스토리텔링 마케팅이다.

오프라 윈프리나 마이클 조든, 마돈나를 생각해봐라. 비즈니스 감각이 있는 그들은 각기 자신의 분야에서 성공하기 위해 순수한 능력만으로는 충분치 않다는 것을 알고 있었다. 즉 퍼스널 브랜드personal brand에 대한 통찰력을 가지고 있었다. 그들은 자신만의 독특한 퍼스널 브랜드를 창조해냄으로써, 자신의 이름을 엘리트 그룹Inner Circle에 새길 수 있었다. 당신이 벤처기업을 창업한 기업가이든, 승진 가도를 달리길 원하는 전문가이든 퍼스널 브랜딩은 당신의 목적을 이룰 수 있게 한다. 그러기 위해서 당신의 독특한 장점과 차이점, 경쟁적인 환경, 그리고 타깃 고객에 대해 철저하게 분석해 당신의 목표를 이룰 수 있는 체계적인 전략을 세워야 한다. 당신이 만나는 모든 사람, 즉 타깃 고객은 물론이고, 이웃, 가족, 동료에게 당신 자신이 누구인가를 나타내라. 이것을 지속적으로 행하면, 당신은 자신만의 방식으로 효과적이고 성공적인 퍼스널 브랜드를 구축할 수 있다. 이처럼 퍼스널 브랜드 밸류의 핵심도 스토리텔링에 있다. 퍼스널 브랜딩의 목적은 당신이 '○○○(당신의 이름을 넣어봐라)' 라는 브랜딩으로 최고의 자산이 되는 것이다.

지식 중심의 좌뇌적 사고思考에서 벗어나고 싶어하는 감성 소비자가 늘어날수록 이들의 니즈를 충족시켜줄 수 있는 스토리텔링 비즈니스는 비례 성장하게 될 것이다. 칵테일 바에 바텐더가 있다면 커피전문점에는 바리스타가 있다. 이들은 단순히 술이나 커피를 파는 것이 아니라 상품 지식과 소양도 함께 판다. 고객과 커뮤니케이션을 하면서 고객의 입맛에 맞춰 상품을 선별해주는 것은 물론이고 마시는 법이나 원료의 유래까지도 덤으로 얹어 판다. 단순히 '제품' 만 판매하는 것이 아니라 제품에 얽힌 '이야기' 까지 파는 것이다. 와인 전문점의 소믈리에, 이들은 음식 재료 하나하나의 섬세한 맛과 향기까지 기억하고 그 요리와 가장 조화를 이룰 수 있는 와인을 골라서 서비스하는 전문가다. 이처럼 사람과 사람 간의 커뮤니케이션 도구로써 상품이나 서버server가 가교 역할을 해주는 시대가 왔다.

고객과 함께 호흡하는 스토리텔링 사업이 감성 마케팅의 흐름을 타고 크게 성장하고 있다. 먹고 배부르면 되는 것이 아니라 알고 먹어야 하고, 단지 놀이 기구로서의 장난감이 아니라 학습 효과까지 얻을 수 있는 장난감이 사람들에게 어필되고 있는 것이다.

경제 관념을 높여주는 저금통, 함께 만들며 즐거움을 얻는 블론징 사업, 만들고 키워가면서 무언의 대화를 엮어가는 토피어리Topiary도 스토리텔링 비즈니스다.

∵ 감성적 스피치의 소구 방법

❶ 익숙한 것을 낯설게 만든다.
사람들은 기대하지 않았거나 예상치 못했던 것을 만나면 관심을 보인다. 이미 익숙한 것을 새롭게 바꾸어 보여주면 사람들의 이목을 끌 수 있다.

❷ 두 개 이상의 다른 요소를 결합해 새로운 하나를 만든다.
창조는 파괴를 통해 이루어진다. 두 개의 다른 요소가 서로 각각의 본래 속성을 유지하면서 결합되어 제3의 새로운 개념을 만들어내면 또 다른 놀라움을 만들어진다. 단순히 서로 다른 두 개를 접합하는 것이 아니라 공통분모를 공유하는 것이어야 한다.

❸ **의인화한다.**
사람이 아닌 것을 사람처럼 보여주거나 사람이 아니면 할 수 없는 일을 사람이 아닌 것이 대신하도록 만들어 흥미를 주는 방법이다. 인간은 신을 인간과 같은 모습으로 묘사하거나 자연계의 나무나 바위를 인간과 같은 마음을 가진 존재로 여기는 등 인간을 통해 낯선 것을 이해하려는 성향을 익혀왔다. 익살스럽기도 하고 친근감이 생기기도 한다.

❹ **두 번 놀라게 한다.**
히트 광고나 명작 광고는 우선 그 광고에 사용되는 주제나 소재의 독특함으로 우리를 놀라게 한다. 그러나 그런 광고에는 끝나기 전에 다시 한 번 우리를 놀라게 하는 장치가 들어 있다. 한 번으로는 부족하다. 두 번 놀라게 할 요소를 찾아라.

❺ **유명한 것을 패러디한다.**
시, 소설, 드라마, 영화, 그림 등 유명한 기성 작품의 뛰어난 내용을 절묘하게 흉내 내어 원작과는 전혀 다른 내용을 표현하고, 웃음이나 과장 혹은 풍자의 효과를 창출하는 것이다. 광고에서 자주 쓰이는 익숙한 것 낯설게 하기 기법 중 하나다.

❻ 이미 익숙하게 알고 있는 상징을 활용한다.

비둘기는 평화의 상징이며 십자가는 기독교의 상징이다. 이처럼 광고에서 난해한 추상적 개념을 보다 구체적으로 표현하는 데 상징이 자주 활용된다. 상징 기호는 학습을 통해 의미 해독을 위한 코드가 관습화된 상태에서만 의미를 해독할 수 있다. 그리고 문화는 그 코드가 통하는 범위이기 때문에 타깃 오디언스들이 그 상징에 대한 의미 해독의 코드를 알고 있는가를 고려해서 사용해야 한다.

❼ 역사 속의 실제 사건이나 장면을 이용한다.

신문의 보도 면을 볼 때와 광고 면을 볼 때 독자의 마음가짐은 다르다. 기사는 사실이고 광고는 허구이기 때문이다. 이러한 심리를 이용해 때로 광고는 픽션이 아니라 있는 그대로의 기록이나 보도, 실제의 사건이 지닌 힘을 통해 사람을 움직인다.

픽션인 가공 예술보다는 논픽션인 다큐멘터리가 훨씬 현장감이나 리얼리티가 높다. 보통 광고는 현실과는 동떨어진 이상향의 세계를 그리고 있다. 베네통 광고는 이러한 광고의 속성을 이용해 놀라운 캠페인을 전개했다.

❽ 캐릭터 있는 모델을 활용하거나 의외의 캐릭터를 부여한다.

광고에서 모델의 역할은 매우 중요하다. 특히 컨셉트에 어울리는 모델을 잘 활용하면 광고효과가 높다. 개성이 강한 모델을 이용하거나 이미 잘 알려진 모델의 캐릭터를 바꾸어주는 것도 좋은 방법이다.

❾ 같은 것을 병렬 혹은 반복한다.
같은 사물이나 동종의 사물을 여러 개 이상 나열하거나 또는 반복하는 것으로, 하나가 아니라 많은 수를 나열함으로써 하나일 때와는 다른 리듬을 부여, 강조 효과를 만들어낸다. 음악은 리듬이나 멜로디를 반복함으로써 훌륭한 효과를 올린다. 그래픽의 세계에서도 동종의 사물을 나열하거나 반복함으로써 강한 이미지를 만들어낼 수 있다.

❿ 낱개의 요소를 집단으로 묶어 새로운 것을 만들어낸다.
산더미처럼 쌓인 깡통들, 평원을 새까맣게 질주하는 소 떼, 엄청난 양으로 떨어지는 거대한 폭포……. 갑자기 그러한 것에 맞닥뜨리면 감동하거나 공포심, 경외감 등 누구나 감정의 격류에 휩싸이고 만다. 다수의 사람이나 사물이 모여 하나의 덩어리를 이루고 있는 것으로, 성질이나 형태가 같거나 유사한 것을 하나로 뭉침으로써 집합체로서의 힘을 발휘한다.

⓫ 같지만 조금씩 다른 여러 개를 보여준다.
여러 가지의 사물을 한 세트로 보여주면 변화가 많아서 즐겁다. 언뜻

보면 같아 보이지만 각각 조금씩 다르므로 동시에 보면 인상에 깊이 남는다. 즐거움을 느끼면서 동시에 배워 얻는 것도 있는 이 다양함을, 사실을 전하는 것을 중시하는 구미의 광고에서는 표현에 자주 이용해 왔다.

⑫ 실제와는 다른 세계를 보여준다.

우리가 살고 있는 공간과는 다른 별세계를 보여주거나 우리가 속한 곳과 다른 미지의 새로운 공간을 차원을 달리해 보여주는 방법이다.

⑬ 보이지 않는 것을 보이게 만들어준다.

때로는 제품의 핵심 기능이 눈으로 확인되지 않는 경우가 있다. 그러나 소비자들은 여전히 눈으로 볼 수 있는 장점을 훨씬 잘 믿는다. 투시나 컴퓨터 그래픽을 통해 기능을 보여주는 방법이다.

⑭ 터부시되던 것을 과감하게 보여준다.

사람들이 지금까지 별로 본 적이 없는 것, 혹은 사회적 통념상 금기시되던 것을 보여줌으로써 보는 사람의 인식에 충격을 주고, 기억에 강하게 남게 한다.

🟥 **단순하게 만들어준다.**

광고가 어렵거나 복잡하면 커뮤니케이션 효율성이 떨어진다. 사물을 보여주는 방법이나 전달하는 방법을 가능한 한 간단명료하게 만들어 이해하기 쉽게 만들어준다.

🟥 **클로즈업하여 보여준다.**

우리가 눈으로 보는 것과는 다른 스케일로 사물을 보여주면 강렬한 인상을 만들 수 있다. 아무리 눈에 익은 것이라도 클로즈업으로 확대해 보여주면 새로운 것이 된다.

🟥 **문자를 비주얼로 혹은 비주얼을 문자로 만든다.**

문자를 의미 전달의 용도 이외에 비주얼 요소로서 활용하는 방법이다. 말하고자 하는 바를 문자만이 아니라 비주얼로도 함께 보여줌으로써 의미 전달을 빠르고 확실하게 만들어준다.

🟥 **같거나 다른 것을 직접 비교해서 보여준다.**

서로 다른 두 개의 사물 사이에는 공통점이 있거나 상이한 점이 있게 마련이다. 이 방법은 바로 그런 점을 노린다. 외관은 다르지만 내용은 같은 것, 혹은 외관은 같지만 내용이 다른 것을 비교하는 방법이다.

⑲ 실제보다 과장한다.

실제보다 많거나 크게 부풀리는 것으로 주목을 끌 수 있다. 그대로 전달해서는 별 효과가 없어 보이는 것도 아이디어를 가미해 과장하면 효과를 발휘한다. 하지만 과대광고와 과장 광고는 분명히 구별해야 한다.

⑳ 데몬스트레이션을 활용한다.

제품의 특성을 눈으로 보여줄 수 있다면 고민할 필요가 없다. 실증보다 설득적인 방법은 없기 때문이다. 거기에 아이디어까지 가미해서 보여준다면 광고 효과는 물론 메시지의 신뢰도도 높아진다.

㉑ 데이터를 활용한다.

데이터를 제시하는 광고는 막연히 주장하는 것에 비해 설득력이 훨씬 높다. 모든 상품에는 나름대로의 데이터가 있다. 적절한 데이터를 찾아 적소에 사용하는 방법을 연구해봐라. 설득력은 약속이 아니라 근거에서 온다는 점을 명심해라.

㉒ 제품을 극한상황에 놓고 성능을 보여준다.

일반적 상황에서는 어느 제품이나 비슷한 성능을 발휘할 수 있다. 하지만 어떤 극한상황에 처하면 좋은 제품과 나쁜 제품 사이에 차이가 분명해질 수 있다. 흔히 토처 테스트Torture Test라 불리는 이 방법은 실재하기 어려운 극한상황이나 조건을 설정해놓고 그러한 조건에서도 아무 문제 없이 견뎌내는 제품의 성능을 실증해주는 방법이다.

㉓ **슬라이스 오브 라이프Slice of Life를 이용한다.**
인간의 생활 속에서 일어나는 작은 사건을 보여주는 것은 상품을 친근하게 만들어주는 계기가 된다. 무심코 지나치는 일상생활의 단편이 보는 사람의 강한 공감을 불러일으킨다. 작은 것의 아름다움. 이러한 생활의 편린를 모아보면 잔잔한 감동을 준다. 그 감동을 제품으로 전이하는 기법이다.

㉔ **휴머니티에 소구한다.**
인간적인 면모는 늘 사람을 움직이는 마력이 있다. 비인간적인 존재로 보이고 싶은 사람은 아무도 없기 때문이다. "가슴이 따뜻한 사람과 만나고 싶다." 카피 그대로다. 인간에 대한 이해, 인간에 대한 애정. 광고인이 갖추어야 할 가장 기본적인 덕목이다.

㉕ **긴장감으로 마음을 붙잡는다.**
'공포로부터의 자유' 또한 인간의 기본적인 욕구이다. 그렇기 때문에 적당한 공포는 매우 설득적인 방법 중 하나다. 전전긍긍, 두근두근,

조마조마, 안절부절못하는 등 상대를 걱정하게 만들어 마음을 붙잡는다. 한번 붙잡으면 다 된 것이나 다름없다. 안심이라는 출구에 이를 때까지 마음대로 조정할 수 있다.

㉖ 섹스어필을 이용한다.

성적 욕구는 인간의 본능이다. 그래서 섹스의 본능을 이용하면 언제나 관심을 끌 수 있다. 그러나 성적 표현에는 규제와 책임이 따르기 때문에 이에 대한 신중한 고려가 있어야 한다. 또 광고에서의 성적 표현은 외설적인 차원이 아니라 예술적 차원으로 승화되어야 한다. 지나치게 외설적이면 상표 이미지에 악영향을 줄 위험도 있다.

04 유머 스피치

● ● ●

성공적인 스피치(대화, 강의, 각종 보고 및 프레젠테이션, 연설)를 위해서는 논리적인 설명, 효과적인 비유, 전달 과정의 짜임새 있는 구성, 시청각 요소를 활용한 입체적 자료 등이 구비돼야 한다. 여기에 유머가 더해지면 금상첨화일 것이다.

물론 유머를 곁들이지 않고도 스피치를 할 수 있다. 하지만 사람의 집중력에는 한계가 있기 때문에 아무리 진지한 스피치라 해도 일정한 시간이 지나면 자연히 주의가 산만해지게 마련이다.

"초 7, 중 10, 성 15"라는 말이 있다. 사람이 강의를 들을 때 최대한 오래 집중할 수 있는 시간을 연령대별로 나타낸 숫자인데, 초등학생은 7분, 중학생은 10분, 성인은 15분이 지나면 잡념이 생긴다는 이야기다. 이럴 때마다 적절한 유머를 사용하면 청중의 주의를 환기할 수 있다. 처음부터 끝까지 설명과 보고로만 일관하는 딱딱하고 지루한 스피치보다는, 가끔씩 유머라는 양념이 첨가된 스피치가 설득과 호소에 더 큰 효과를 발휘한다.

스피치에서 유머를 효과적으로 활용하려면 본격적인 스피치에 앞서 처음부터 적절한 유머로 시작하는 것도 좋은 방법이다. 그래야 청중이 한바탕 웃으며 긴장을 풀고 편안한 마음으로 듣기에 몰입할 수 있다. 유머의 소재는 가능하면 발표할 내용과 연관된 것이 좋다. 유머가 자연스레 본론으로 이어지게 함으로써 웃음의 영향력을 스피치 효과를 높이는 데도 연결할 수 있기 때문이다. 이때 듣는 사람의 직업, 성별, 나이, 교육 수준 등 대상에 맞는 유머를 구사해야 한다는 것도 기억해야 할 대목이다.

미국의 마케팅 전문가 스티븐 실비거는 "유머를 사용하기 전에 미리 자신이 농담을 던질 만한 능력이 있는지 스스로 검토할 필요가 있다"라고 지적한다. 스피치에서 재미있는 유머를 활용하는 이유는 이야기를 정확히 이해하게 만들고 기억에 오래 남게 하기 위해서다. 말도 안 되는 장광설이나 부적절한 비유, 경박하거나 타이밍이 맞지 않는 엉뚱한 유머, 정리되지 않고 핵심도 불분명한 이야기를 늘어놓는 것은 오히려 역효과를 낳을 수 있다.

유머 감각을 키워라

"유머 감각이 없는 사람은 스프링이 없는 마차와 같다. 길 위의 모든 조약돌마다 삐걱거린다."

헨리 와드 비처의 말이다.

용기 있는 남자가 미인을 차지하는 시대는 갔다. "열 번 찍어 안 넘어갈 나무 없다"라며 열 번 거절당할 때까지 끈질기게 구애하는 것을 용기 있는 일로 여기던 때가 있었다.

용기만 가지고 여자의 집을 찾아가 여자의 아버지에게 딸을 맡겨달라고 호기 부리던 이야기는 70년대까지 유효했다. 요즘 그러다간 스토커 소리 듣기 십상이고, 잘못하면 쇠고랑 찰 일까지 생긴다. 용기 있는 남자의 시대가 가자 돈 많은 남자의 시대가 왔다. "얼마면 돼?"를 외치던 어느 드라마 대사처럼, 돈이 곧 미인을 차지하는 지름길인 사회가 최근까지 이어져 왔다.

그러다가 이제는 재미있고 말 잘하는 남자가 미인을 차지하는 시대가 되었다. 뭐라고? 아무리 재미있고 말 잘해봐야 결국 돈 앞에선 진다고? 그건 용기에서 돈으로 넘어가던 과도기에 용기가 여전히 맹위를 떨친 사례와도 같다. 지금은 돈 많은 사람에서 재미있고 말 잘하는 사람으로 넘어가는 과도기이다. 앞으로 과도기의 혼란이 진정되면 확실히 가늠될 것이고, 이미 많은 여자의 생각이 바뀌고 있다.

물론 돈이 완전히 배제될 수는 없다. 자본주의사회에서 돈은 필수적인 요소이기에 돈의 중요성은 여전히 유효하지만, 예전처럼 재미없고 무뚝뚝하고 말 못하는 사람이 돈의 힘으로 미인을 차지하던 사례는 점점 없어질 것이다.

결혼의 조건으로 가장 많이 대두되었던 것은 이른바 능력(재력)과 학력, 신장(키)이 높아야 한다는 3고高였다. 여자들이 원하는 남자의 조건이기만 한 게 아니라, 남자들 또한 여자들에게 이 비슷한 조건을 바랐다. 이는 우리나라뿐 아니라 일본에서도 마찬가지였다.

그런데 일본의 후생성이 미혼 여성들을 대상으로 조사한 결과에 의하면, 신랑감의 조건으로 편안하고 Comfortable, 가치관과 말이 통하며 Communicative, 가사를 잘 도울 것 Cooperative 등의 3C를 꼽았다고 한다. 이는 한국의 미혼 여성들도 공감하는 내용이 되고 있다.

남녀 관계에서만 그런 게 아니다. 회사에서도 말 잘하는 사람, 즉 성공의 언어를 구사하는 사람이 더 빨리 승진하며 대접받고 있다. 이는 정계, 재계, 학계, 종교계 등 모든 분야에서 공통적으로 유효하다. 재미있고 말 잘하는 사람의 인기는 점점 높아질 것이다.

한때 미인을 차지하려면 돈을 많이 벌어야 한다는 자조 섞인 말이 회자되었다. 예전에는 미모의 여자 연예인의 결혼 상대가 대개 사업가이거나 재벌 2세 등 돈 많은 사람 일색이었기 때문이다. 그런데 최근에는 미모의 여자 연예인의 결혼 상대가 같은 직업을 가진 연예인

이나 유사 분야의 전문 직업인인 경우가 많아지고 있다.

결국 돈보다는 서로 대화가 잘 통하고 서로 잘 이해해줄 사람을 선택하는 경향이라고 해석할 수 있다. 이젠 미인을 차지하려면 재미있고 말 잘하는 사람이 되어야 한다는 말이 더 설득력 있게 다가온다.

유머는 미인을 차지하는 데만 유리한 요소가 아니다. 유머는 성공의 언어를 이루는 중요한 요소로서, 취업이나 사회생활에서도 아주 중요한 요소로 작용하고 있다.

삼성경제연구소에서 2005년 12월 'SERI CEO' 회원들을 대상으로 유머에 관한 설문 조사를 했다. 그 결과, "유머가 풍부한 사람을 우선적으로 채용하고 싶다"는 항목에 설문 참여자 631명 중 50.9%가 "그렇다", 26.5%가 "매우 그렇다"라고 답해 유머가 채용 여부에 긍정적 영향을 미친다는 대답의 비중이 77.4%에 달했다. "유머를 잘 구사하는 사람이 그렇지 않은 직원보다 일을 더 잘한다고 믿는다"는 항목에서도 "그렇다"와 "매우 그렇다"의 비율이 각각 40.6%, 17.1%를 차지했다. "유머가 기업의 생산성 향상에 도움이 된다"는 제시문에는 총 81%가 동의했고, "유머가 기업 조직 문화 활성화에 도움이 된다"는 항목에도 총 88%의 경영자가 찬성했다. 설문 참가자의 81.6%는 "유머 경영이 고객 만족에 기여한다"라고 답했다.

이제 유머는 'Fun 경영'이라는 말로 정착되고 있으며, 조직 내에서 유머 있는 사람에 대한 선호도도 높아지고 있다. 유머는 단지 사람들

귀나 즐겁게 하는 우스갯소리가 아니라 성공의 필수 요건이 되고 있다는 증거인 셈이다.

유머는 대화의 기름칠 같은 존재다. 대화가 더 매끄럽고 부드럽고 즐거워질 수 있도록 하는 게 유머다. 과거의 달변가들이 일방적이고 호소적인 '설득' 형이었다면, 요즘의 달변가는 상대방의 이야기를 듣고 반론을 펴며 유머러스한 '대화' 형이다.

개그맨이 되라는 이야기가 아니다. 재미있는 이야기를 잔뜩 외워서 써먹으라는 이야기를 하고자 하는 것도 아니다. 성공의 언어에서 웃기는 개그맨을 바라는 게 아니라, 재미있게 이야기할 수 있는 유머러스한 감각과 여유, 순발력을 가진 사람이 되길 바라는 것이다. 폭소가 아니라 가볍게 미소 짓거나 흐뭇하게 할 수 있는 능력을 가지란 것이다.

유머러스한 대화에서 지켜야 할 3가지 요소가 있다.

❶ **공감대 형성이다.**

나 혼자만 재미있는 이야기여선 곤란하다. 함께 공감할 수 있는 이야기로 재미를 끌어내야 한다. 아무도 재미있지 않은데 혼자만 재미있다고 이야기를 꺼내는 건 썰렁한 유머에 불과하다. 철 지난 이야기나 남들이 공감하지 못할 이야기는 피해야 한다.

❷ **시의적절성이다.**

재치는 눈치에서도 나온다. 적절한 타이밍에 해야지 아무 때나 한다고 유머가 되는 게 아니다. 남들은 다 진지한데 유머랍시고 잘못 꺼냈다간 분위기만 망치기 쉽다. 분위기 파악 못 한 유머는 재미가 아니라 재앙이 된다.

❸ **주제와의 연관성이다.**

아무리 재미있는 이야기를 하더라도 주제와 연관되지 않으면 뜬금없는 소리에 불과하다. 그건 그냥 웃기는 이야기일 뿐이며, 자신을 가볍고 실없는 사람으로 보이게 할 수도 있다. 쓸데없이 웃기는 것보다 중요한 순간에 주제와 연관시켜 재미를 줄 때 유머는 아주 강력한 힘을 발휘한다.

이 세 가지를 제대로 지키지 못할 거라면 오히려 유머러스한 대화를 시도하지 않는 게 더 좋다. 비즈니스 자리나 강연 등 공적인 자리에서 분위기를 반전시키거나 주목을 받기 위해 유머를 구사하는 것은 필요한 전략이지만 유머에 자신 없는 사람은 오히려 잘못했다가 분위기를 어색하게 만들 수 있다. 그리고 유머러스한 인상을 남기기는커녕 가볍고 경박한 사람이라는 인상을 남기게 될 수도 있다. 유머는 의욕만 넘쳐 함부로 구사해선 안 된다. 다른 사람들의 분위기도 파악해가면서 눈치껏 해야 한다.

유머는 잘 쓰면 약이지만, 못 쓰면 독이 될 수 있다. 그러니 유머러스한 사람이 경쟁력이 있는 것이다. 당신은 재미있는 자가 유리한 시대를 살아갈 준비가 되었는가?

유머리스트가 되어라

임상심리학자들의 연구에 따르면 유머 감각이 뛰어난 사람은 자신을 잘 통제하고 자존심이 강하다고 한다. 그러나 완벽주의자, 독선자, 쉬운 말로 자기밖에 모르는 사람은 외부의 공격이나 스트레스를 스스로 해결하려 하지만 어려움이 거듭 쌓이면 결국 쉽게 무너진다고 한다. 히틀러는 웃을 줄 몰랐기에 전쟁광이 되었고, 웃을 줄 몰랐기에 결국 패하고 말았다.

반면 유머 감각이 남다른 낙천주의자들은 주위 사람들을 자신의 편으로 만들어 자신을 좀 더 강하게 할 줄 알고 고난도의 업무도 잘 해낸다. 이 유머 감각이 사업 경영에 도움이 된다는 것은 충분히 알겠는데, 어떻게 길러야 할까? 의외로 방법은 쉽다.

우선 서론과 설명이 너무 길면 안 된다. 결론을 듣기도 전에 듣는 이가 지쳐버리기 때문이다. 분명한 목소리로 말하는 것도 중요하다. 상대방이 못 알아들어 중간에 말을 끊고 되묻는다면 김이 새게 마련이다. 또한 자신이 내용을 정확하게 파악하고 있어야 한다. 이야기하다 말고 중간에서 내용이 가물가물하면 안 하느니만 못하다. 웃음을 참는 인내력도 필요하다. 유머를 들려주면서 이야기하는 사람이 먼저 웃느라 정신을 못 차리면 듣는 이는 아직 내용도 모른 채 어안이 벙벙해진다.

❶ **억지로 웃기려 하지 말 것.**
무조건 상대를 웃겨야만 된다는 중압감으로 저속한 언어를 사용하거나 지나친 모션을 쓰지 않도록 주의해야 한다.

❷ **청중을 고려해서 사용할 것.**
듣는 사람의 연령이나 성향에 맞지 않는 유머는 분위기를 썰렁하게 할 뿐이다.

❸ **너무 앞서 가지 말 것.**
"이것은 아주 웃기는 얘긴데, 결론은 이렇게 됩니다. 웃기지 않습니까?" 말하는 사람이 이런 식으로 앞서 가면 아무리 우스운 이야기도 실패한 유머가 되고 만다.

❹ **자신이 먼저 웃지 말 것.**

웃기는 이야기를 해놓고 연사가 먼저 웃어버리면 청중은 얼마나 맥이 빠질까?

❺ **마음의 여유를 가질 것.**

유머는 단순한 말재간만으로 이뤄지는 게 아니다. 말하는 사람의 따뜻한 인간성을 전제로 한 좀 더 세련된 지적 표현이다. 그러므로 옹졸하고 신경질적인 심리 상태에서는 명쾌한 유머가 나올 수가 없다.

05 대중 스피치

사람이 자신의 감정, 즉 생각을 나타내는 데는 세 가지 방법이 있다. 첫째는 태도(몸짓과 손짓)와 표정이고, 둘째는 말, 셋째는 글이다.

   사람은 말을 시작하면서 자신의 뜻과 생각을 남에게 알리기도 하고 반대로 남의 뜻과 생각을 받아들이거나 물리치기도 한다. 결국 이러한 말의 형태가 대중 스피치의 시초가 된다고 할 수 있다.

   대중 스피치란 기세 좋고 거침없는 목소리로 자신의 생각과 주장을 표현해 듣는 사람을 설득, 감동시키는 말의 기술이다. 일정한 장소에 청중을 모아놓고 하는 정치 연설 같은 것만을 대중 스피치라고 생각하는 사람이 많지만 사실은 그렇지 않다.

   많든 적든 사람이 있고, 듣는 사람에게 자신의 의사를 전달해 이해시키고 설득시킬 수 있다면 이것이 훌륭한 대중 스피치이다. 따라서 아름다운 말, 듣기 좋은 말만 늘어놓는 것은 참된 대중 스피치가 아니다. 대중 스피치란 말이 조리 있게 다듬어져야 하며, 말 속에 깊은 뜻과 생각이 들어 있어야 한다.

미국의 제16대 대통령 링컨의 게티즈버그에서의 연설은 불과 5분밖에 안 되는 짤막한 스피치였지만, 오늘날 민주주의의 금언金言으로 널리 알려져 있다.

그러나 아무리 조리 있고 유창하게 말한다 해도 듣는 사람을 감동시키지 못한다면 그것은 대중 스피치가 아니다. 예를 들어 아나운서의 뉴스 방송, 시사 해설, 일기예보 등과 같이 보도나 보고 지시 같은 것은 대중 스피치로 볼 수 없다.

대중 스피치의 자세

모든 스피치는 그 사람의 인격으로서 화자話者의 모든 인생이 묻어나오는 인생의 드라마라고 할 수 있다. 따라서 화자는 그동안 자신이 쌓아온 지식과 경험, 그리고 감정을 잘 조화시켜 상대방에게 감동을 줄 수 있는 진솔한 표현법을 연구해야 한다. 또한 청중의 마음을 사로잡기 위해서는 말하고자 하는 방향을 잘 설정해야 할 뿐만 아니라 음의 강약과 고저, 장단의 조화로 변화무쌍한 스피치를 구사해야 한다.

스피치를 하는 동안 똑같은 어조로 일관한다는 것은 자장가를 불러 주는 것이나 다름없다. 음성의 변화 없는 단조로운 스피치처럼 청중을 피곤하고 지루하게 만드는 것도 없을 것이다.

대중 스피치에서 특히 중요한 것은 잘 들리는 목소리로 이야기하는 것이다. 청중이 많을수록 모든 사람이 들을 수 있도록 배려해야 한다. 그렇다고 해서 무조건 큰 소리로 외치라는 뜻은 아니다. 지나치게 좋은 목소리를 내려는 억지 음성은 진실성이 없어 보이고 비웃음까지 받게 되므로 조심해야 한다.

대중 스피치에서 가장 좋은 목소리란 적당한 톤을 유지하면서도 순수하고 자연스러운 분위기를 내는 목소리를 말한다.

명名스피치는 타고나는 것이 아니라 만들어지는 것이라는 말이 있다. 무슨 일이든 마찬가지겠지만, 스피치의 기술 역시 하루아침에 만들어지는 것은 아니다. 평소의 생활에서 꾸준히 올바른 스피치를 위한 연습을 해야 하는 것이다.

또한 보다 풍성한 스피치를 하기 위해서는 전문적인 지식과 남다른 식견을 갖고 있어야 하며, 유머와 재치 있는 소재 개발도 필요하다. 따분한 이론만 나열하는 식으로 몰아붙인다거나 식상한 소재로 일관한다면 청중을 설득시키고 감동시킬 수 없음을 명심해야 한다. 가까운 곳에서 경험할 수 있는 소재를 택하되 색다른 논조나 입장에서 예리하게 분석해 새롭고 참신하게 이끌어나가야 한다. 뿐만 아니라 감

정의 흐름을 진솔하게 표현해서 가식적이거나 과장되게 비춰지지 않도록 해야 한다.

청중 분석

이야기한다는 것에는 언제나 3요소가 있다. 그것은 대중 연설자, 이야기 내용, 청중이다. 따라서 자신만 이야기에 흥분할 것이 아니라 청중도 그 이야기가 중요하다고 생각해 열심히 듣도록 유도해야 한다. 이야기는 청중 중심이지 화자 중심이 아니기 때문에 스피치의 성패는 청중이 정하는 것이지 결코 자신이 정하는 것이 아니라는 것을 명심할 일이다. 그러므로 청중이 자신과 같이 느끼게끔 스피치해야 하며 자신과 같이 생각하고 자신의 의견에 동의하게끔 스피치해야 하고, 자신과 같이 행동할 수 있도록 스피치해야 한다. 그러기 위해서는 자신의 생각을 듣는 이에게 전달하려는 강렬한 열의가 불타올라야 비로소 청중을 움직일 수 있다.

 "청중은 누구인가? 청중은 왜 모여 있는가? 청중은 당신에게서 무엇을 알고자 하는가?"와 같은 3가지 질문에 답하기 전에 프레젠테이션을 시작해서는 안 된다.

 프레젠테이션의 실패 원인은 대부분 청중이 누구인지 모르고 이야기를 시작하는 데 있다. 청중이 알고 싶어하는 바를 시원하게 풀어주지 못할 수도 있고, 전문가인 당신의 견해가 지나치게 고상해 이해하기 어려울지도 모른다. 일반인들에게 당신이 잘 아는 전문적인 내용을 말하는 것은 단지 자기만족으로 끝나버리기 십상이다. 청중이 앉아서 졸거나, 말한 내용을 이해하지 못하는 것은 당연히 프레젠터의 책임이다. 청중에 대한 분석은 성공적인 프레젠테이션의 필수 조건이다.

프러포즈하기 전에 상대를 알자. 적을 알면 백 번을 싸워도 지지 않는다. 그렇다면 어떤 방법으로 청중을 분석할 것인가?

청중의 수, 청중에 대한 인구통계학적 분석, 청중의 지식 정도, 청중의 자세와 태도, 핵심 인물 등을 고려해야 한다. 청중의 흥미, 지식, 태도, 포지션, 정치적 성향에 대한 분석으로 청중의 이미지를 그릴 수 있다.

청중을 움직이기 위한 대중 스피치

❶ 서로 통하는 이야기를 해라.

얄팍한 지식으로 정의 사회 구현 같은 거창한 주제를 선택하는 것은 대중의 호응을 얻기 어렵다. 또 대학에서 배운 원론이나 신문에서 읽은 희미한 지식을 더듬어서 대수롭지 않은 이야기를 한다면 청중은 멀어진다. 어마어마한 테마나 현실과 동떨어진 화제는 부담이 느껴지게 마련이다.

❷ 선택한 주제에 열중해라.

한 사람이 어떤 테마를 가지고 이야기한다고 해서 반드시 스스로 그 테마에 확신을 갖고 있다고는 말할 수 없다. 마지못해 어쩔 수 없이 어떤 주제를 가지고 말한다면 그 스피치는 분명 실패한다.

상대가 당신의 말을 상쾌하게 받아들일 수 있도록 멋진 스피치를 하려면 당신이 꼭 말하고 싶은 주제를 선택해 "이야기 속에 자신을 투입"해라. 테마 선택은 마음속 깊은 곳에서 끌어낸 것이어야 하고 일단 선택한 테마에 대해서는 전심을 담아야 한다.
　내가 이런 주제로 말할 자격이 있나? 테마를 바꾸어볼까? 이렇게 생각하는 것은 절대 금물이다. 선택한 테마는 말할 가치가 있고 또 반드시 내가 말해야 되는 것이라 생각하고 그 테마 속에 몰입해라.

❸ 남의 흉내를 내지 마라.

말을 잘하는 사람의 흉내를 내고 싶겠지만 그것은 좋은 방법이 아니다. 아무리 잘해도 그 사람처럼 할 수 없을뿐더러, 자신의 최대만큼도 할 수 없다. 자신의 음성을 사랑하고 자신이 가장 쉽다고 생각되는 방법으로 말해라. 그러면 다른 누구와도 구별되는 독특한 자기 스타일의 스피치가 될 것이다.

❹ 듣는 사람을 과대평가하지 마라.

상대가 나보다 말을 잘하고 더 수준이 높아 보인다고 해서 어떻게 말해야 할지에 대해 망설이지 마라. 사실은 그렇게 큰 차이가 나는 것도 아니며, 마주 앉아 이야기해보면 한 시간 이상도 같이 이야기할 수 있는 사람들이다.

❺ 완전무결한 스피치를 바라지 마라.

이 세상에 완전무결한 스피치를 구사하는 사람은 한 사람도 없다. 지나친 욕심 때문에 자신감을 잃는 경우가 많은데 중요한 것은 진심을 담아 최선을 다하는 것이다.

❻ 즉흥조로 스피치해라.

미리 써온 원고로는 일어서는 청중을 장악하기 어렵다. 또 누가 써준 원고를 대신 읽는 것 같은 느낌을 주어서는 청중을 감동시킬 수 없다. 청중의 감동이 필요 없는 담화문이나 수사 발표처럼 공적 사항을 전달하는 경우는 공정하고 정확하게 읽기만 하면 되겠지만, 대중 스피치에 있어서 낭독은 생동감을 줄 수 없을 뿐만 아니라 스피치 따로 대중 따로 겉돌기 쉽다.

그러나 즉흥조 대중 스피치는 연사가 충분히 준비한 상태에서 다만 원고 없이 즉흥적인 말투로 이야기해야 한다. 준비에 의해 내용도 충실해야겠지만, 중요 테마는 메모도 되어 있어야 자연스럽고 유창한 말로 청중을 감동시킬 수 있다. 청중과 함께 호흡할 때 그들로부터 경의와 찬사를 받을 수 있다는 것을 명심해야 한다.

❼ 변명하는 투로 말하지 마라.

사과의 말로 시작한 연사는 90%가 박수갈채를 받지 못한다. "저는 원래 말재주가 없어서"라든지 "갑자기 나오느라고 준비가 소홀해서 좋은 말씀은 드릴 수 없지만"이란 말로 사과의 말부터 꺼내면 청중은 당연히 "들어보나 마나겠군" 하거나 "그럼, 뭐 하러 나왔어" 하고 들을 자세를 포기한다. 그러므로 설령 준비가 소홀했다 해도 당당하게 스피치를 시작해야 한다.

❽ 감정을 재생해라.
말하는 사람은 자신의 정직한 감정을 억압할 필요는 없다. 그때그때의 감정을 재생해 열심히 말하면 청중은 따라오게 마련이다.

청중의 관심을 끄는 법

❶ 테마를 한정해라.
같은 주제를 가지고 마치 연감 읽듯이 너무 오래 이야기하는 것을 좋아하는 사람은 없다. 5분 이내의 짧은 스피치에서는 요점이 하나 또는 둘이면 족하다. 30분 정도의 긴 스피치 때에도 테마를 5개 이상 넣어서는 안 된다.

❷ 많은 자료를 수집해라.
사실을 파헤쳐 가며 이야기하는 것보다는 표면을 어루만지며 이야기

하는 것이 훨씬 수월하다. 그러나 그렇게 이야기하면 청중에게 아무런 감동도 줄 수 없다. 그래서 테마는 짧게, 이야기를 깊이 있게 하려면 많은 자료와 정보가 필요하다. 어떤 스피치에 있어서도 한 가지 테마를 위해 백 가지의 생각을 모은 뒤 아흔 가지를 버려야 한다. 스피치를 잘하기 위해서는 항상 비상시에 대처할 수 있는 만반의 준비를 갖추어야 한다.

❸ 실례를 많이 사용해라.

어떤 테마를 아름다운 어휘를 구사해 질서 정연하게 끌고 가다 보면 구체성을 잃게 되고 가느다란 논리의 실로 이어진 추상 개념에 지나지 않게 되기 쉽다. 그 테마에 연관된 일화를 실례로 사용할 줄 알아야 한다.

청중은 일상생활의 이야깃거리에 많은 관심을 갖고 있기 때문에 요점을 되도록 구체적인 실례를 들어 설명해야 사람들의 관심을 모을 수 있다. 실례라는 재료를 자유로이 사용하자면 당신 자신의 환경과 체험을 통해서 알았던 많은 사람의 이야기를 주로 다루어야 한다.

스피치 속에 나오는 예화의 생동감을 더해주기 위해서는 '5W 1H' 원칙에 의해 "언제, 어디서, 누가, 무엇을, 어떻게, 왜 했는가?"로 세부적 묘사를 해야 한다. 그러나 너무 많은 세부 묘사로 이야기를 복잡하게 만들면 청중은 보나 마나 고개를 돌려버릴 것이다.

④ 몸짓, 손짓으로 시각화해라.

어느 심리학자의 말에 의하면 우리가 얻는 지식의 85% 이상은 시각적인 인상을 통해서 받아들여진다고 한다. 상세한 이야기를 눈앞에 보이는 것처럼 들려주려면 그것을 눈에 보이도록 손짓과 몸짓을 써서 표현하는 것이 좋다.

⑤ 구체적인 말을 사용해라.

사람들의 주의력을 집중시키는 데 가장 중요한 것은 다름 아닌 영상을 만들어내는 작용을 하는 말을 사용하는 것이다. 웬만한 대중 연설자는 그런 것이 있는지조차 깨닫지 못하고 있다. 그러나 대화 속에 영상을 넣으면 듣는 이를 더없이 즐겁게 만들고 많은 영향을 줄 수 있다. 예를 들면 "여우처럼 교활하다", "바위처럼 단단하다", "누런 송아지만 한 도사견"이라고 하면 한층 뚜렷한 영상을 불러일으키게 된다.

대중 스피치의 실전법

❶ 음성 표현

목소리에도 체온이 있고, 기쁨과 슬픔의 빛깔이 있다. 스피치를 할 때는 자신의 순수한 목소리로 해야 한다. 목소리의 매력은 그 사람의 개성, 나이, 인생 체험에 의해 표출되므로 목소리를 바꾸려고 해서는 안 된다. 목소리는 당신을 늙어도 젊게, 피로할 때라도 생동감 있게 보이는 이미지를 투사할 수 있게 한다.

남을 매혹시키고 확신을 주면서 설득하기 위해서는 무엇보다도 따뜻하게 들리는 목소리가 필요하다. 특히 끝없이 말과 말을 연결해 계속 스피치를 진행하면 청중이 그 말을 듣고 이해할 시간적 여유가 없어서 결국 스피치의 목적을 제대로 달성하기 어렵게 된다.

말과 말 사이의 쉼을 포즈, 즉 '공백 표현'이라고 할 수 있다. 이 포즈는 말의 표현에 있어서 아주 중요한 것으로서 "화법은 곧 포즈다"라는 말까지 있다.

말이 빠르면 경박스러워 보일 뿐만 아니라 전하고자 하는 내용을 정확하게 전달할 수도 없다. 따라서 평소에도 침착하게 말하는 연습을 해야 한다. 평소 습관을 잘 들이면 대중 앞에 나서서도 떨지 않고 여유 있게 스피치를 할 수 있게 된다. 단조롭고 불분명한 어조처럼 듣는 이를 지루하고 따분하게 만드는 것도 없다.

흔히 움직이지 않는 턱, 게으른 혀, 움직임이 느린 입술, 지나치게 빠르거나 느린 속도 등이 발음을 부정확하게 만든다. 따라서 말의 장단음을 정확히 표현하는 노력이 필요하며, 음절과 음절, 낱말과 낱말, 어구와 어구 사이의 완급, 적당한 쉼 등을 통한 음성의 속도와 고저, 강약 등의 적절한 표현 연구가 필요하다.

❷ 제스처 사용

말을 할 때 사용되는 손놀림, 몸짓, 얼굴 표정 등을 통틀어 제스처라고 한다. 제스처는 말을 보다 정확하게 전달하려는 언어의 보조 활동으로, 듣는 사람에게 미치는 영향이 매우 크다.

특별한 경우에는 말을 하지 않고 동작만으로 언어 표현을 대신하기도 한다. 팬터마임, 수화, 상대방과의 사이에 암호로 사용되는 동작, 그리고 무용까지도 크게 보아서는 제스처로 표현되는 언어라고 할 수 있다.

제스처는 말을 보다 정확하게 전달하려는 동작이면서 동시에 자신의 생각과 감정을 보다 확실하게 전달할 수 있는 기술이기도 하다.

1961년 미국의 대통령 선거에서 케네디가 닉슨을 물리치고 대통령에 당선된 것은 케네디가 젊고 신선하기 때문이기도 했지만, 그보다도 그의 뛰어난 대중 스피치와 거기에 사용된 제스처가 큰 역할을 했다고 볼 수 있다.

두 사람이 처음 텔레비전에서 대결할 때, 케네디는 그 개성 있는 얼굴에 미소를 띠면서 유머와 세련된 제스처로 시청자들을 매료시켜 그 덕에 대통령에 당선되었다는 이야기는 너무나도 유명하다.

테리앙이란 사람은 제스처를 가리켜 장군의 지휘봉이며 만국의 공통 언어라고 했다. 이토록 대중 스피치나 대화에서 제스처는 생각보다 큰 영향을 미치고 있다.

제스처의 3단계

제스처는 말과 동작이 자연스럽게 연결되도록 준비, 완성, 복귀의 세 단계를 거쳐야 한다. 아무리 작은 제스처라도 이 세 단계가 잘 조화되지 않으면 부자연스럽거나 경박해 보일 수 있다.

① 준비 단계 : 제스처가 필요한 시점에서 동작을 시작하는 단계를 말한다.
② 완성 단계 : 연사가 나타내고자 하는 뜻을 강조해야 할 곳에서 표현을 완성해야 하며, 힘차고 분명해야 한다.
③ 복귀 단계 : 준비 단계를 거쳐 강조해야 할 곳에서 완성된 동작을 본래의 위치로 되돌리는 단계를 말한다. 이때 어물어물한다든지 조급하게 동작을 마무리하면 매우 불안해 보일 수 있다.

제스처의 일반 원칙

① 자연스러워야 한다. 기계적으로 반복되는 딱딱하고 부자연스러운 동작이 아닌 자연스러운 동작을 표현해야 한다.
② 변화가 있어야 한다. 같은 동작을 되풀이하면 단조로운 느낌을 주어 청중을 지루하게 만든다.
③ 내용에 어울려야 한다. 내용과 일치되지 않는 제스처는 공허하고 형식적으로 보여 스피치의 효과를 떨어뜨린다.
④ 눈은 제스처의 방향과 일치되어야 한다. 연사의 눈은 자기 자신의 모든 동작 표현을 감독할 뿐만 아니라 듣는 사람의 반응을 읽는 구실을 하기 때문에 눈의 방향은 제스처의 방향과 일치해야 한다.
⑤ 격에 맞는 제스처를 사용해야 한다. 연사가 남자라면 박력이 있어야 하고, 여자라면 부드러워야 한다. 또한 어린이는 어린이답게 귀엽고 발랄한 동작을 표현해야 한다. 남의 제스처가 멋있다고 무조건 흉내 내기보다는 자신의 개성을 담은 제스처를 개발하는 것이 좋다.
⑥ 제스처가 끝나면 모든 동작은 원위치로 복귀시켜야 한다. 단상에 처음 서는 연사는 제스처가 끝난 다음 팔이 흔들리거나 손가락을 만지작거리는 등 자세가 흐트러지는 예가 많은데, 연습할 때 각별히 신경 써야 한다. 이러한 동작은 대부분이 불안한 심리에서 오는 것이므로 자신감을 가질 수 있도록 많이 연습해야 한다.
⑦ 지나치게 몸이나 고개를 숙이면 안 된다. 제스처를 사용할 때 지나치게

몸을 앞으로 굽히거나 내미는 사람이 있는데, 바르게 선 자세로 자연스럽게 사용해야 한다.

⑧ 손가락으로 특정인을 가리켜서는 안 된다. 상대를 손가락 하나로 가리키면 당사자는 매우 불쾌하게 받아들이기 쉽다. 그러나 부득불 상대를 지적할 때는 손가락을 다 펴고 전체를 향하게 해야 한다. 그리고 의도적이 아닌 경우, 청중에게 손바닥을 드러내 보이는 것은 좋지 않다.

⑨ 흔들리거나 힘이 없는 제스처를 사용해서는 안 된다. 제스처를 사용할 때 흔들리거나 무용을 하듯 힘이 없어서는 안 된다.

⑩ 연단을 두드리거나 발을 구르는 등 과격한 표현은 삼가는 것이 좋다. 주먹으로 연단을 치거나 발을 구르면서 흥분된 모습을 보이는 것은 결코 바람직하지 못하다.

❸ 시선의 배치

심리학자인 메라비안 교수는 "침묵의 메시지는 입으로 말한 스피치를 부정하기도 하고 한층 더 강조하는 작용을 하기도 한다. 두 경우 다 침묵의 메시지가 커뮤니케이션에서 차지하는 비중은 매우 크다. 얼굴의 표정과 몸짓, 눈의 움직임, 목소리 등으로 나타나는 침묵의 메시지와 말이 일치하지 않을 때 다른 사람들은 거의 말보다 침묵의 메시지를 믿는다"라고 말한다.

자신의 감정을 가장 잘 표현하는 것은 얼굴이 55%, 목소리가 38%, 말이 7%라고 한다. 그러므로 몸 말Body Language을 이용해 다른 사람을 설득할 경우, 자신이 전달하고자 하는 내용과 일치된 몸짓을 사용하면 더욱 효과를 높일 수 있다.

얼굴 중에서도 감정 표현이 가장 풍부한 곳은 눈이다. 스피치를 할 때 상대방을 똑바로 쳐다보지 못하고 고개를 숙이거나 다른 곳을 보는 사람이 있다. 이런 경우 자신감이 없어 보이는 것은 물론이고, 듣는 이에게 신뢰감을 주지 못한다. 소심한 사람일수록 이야기할 때 시선을 어디에 두어야 할지, 손을 어디에 두어야 할지 몰라 퍽 어색해한다.

손과 시선이 정리되지 않으면 보기에도 자연스럽지 않다. 눈은 입보다 더 많은 말을 하게 된다. 시각은 청각의 12배의 힘이 있다고 한다. 말없이 서로 얼굴만 바라보아도 서로의 마음을 알 수 있다고 하지 않는가. 눈을 통해서 상대의 마음을 읽을 수 있고 눈을 통해서 상대를 이해할 수도 있다.

눈의 표정이 풍부하면 웃음과 유머는 자연스럽게 나온다. 아무리 얼굴에 화장을 곱게 해도 눈으로 마음을 전할 수 없으면 소용이 없다. 마찬가지로 아무리 좋은 스피치라 하더라도 대화할 때 눈을 사용하지 않으면 상대의 마음을 움직일 수 없다. 연단 위에서 대중 스피치를 할 때 시선의 배치나 표정은 그 스피치의 성패를 좌우할 만큼 중요하다.

청중의 시선을 제압하고 청중의 관심을 지속적으로 유지시키기 위해서는 청중에게 골고루 시선을 보내야 한다. 원고나 천장이나 바닥 등 시선을 한쪽에만 집중해서는 안 된다.

❹ 마이크 사용법

① 마이크와 입의 거리는 장소와 성능에 따라 다르겠지만 대개 옥외에서는 15~20㎝, 옥내에서는 30㎝ 정도가 알맞다.

② 마이크에 손을 대지 않는다. 마이크를 잡고 스피치를 하면 음성이 커졌다 작아졌다 불규칙적으로 전달될 뿐 아니라, 마이크를 만질 때마다 일어나는 소음이 청중의 귀에 거슬릴 수 있다.

③ 쉼을 분명히 하고 똑똑하게 발음한다.

④ 저음을 구사할 때는 마이크를 약간 가까이하고, 큰 소리 등 고음을 구사할 때는 마이크에서 약간 떨어지는 것이 원칙이며 효과

적이다. 그런데 경험이 없는 경우 이와 반대로 마이크를 사용하는 예가 많아 찢어지는 음성이나 거친 숨소리까지 청중에게 전달되어 내용 없이 소리만 지르는 인상을 심어주게 된다.

❺ 연단 등하단

① 등단하기 전에는 복장과 머리, 신발 등을 살펴본 후 사회자의 소개가 끝나면 차분한 마음으로 천천히 등단한다.

② 연단 옆 약 5보 떨어진 거리에서 걸음을 멈추고 정중한 태도로 국기에 대한 경례를 한 다음 연단 중앙에서 15~30㎝ 떨어진 지점까지 걸어가 자연스럽게 걸음을 멈춘다.

③ 연단 위에서는 침착한 시선으로 청중을 골고루 살펴본 후 청중의 주의력이 자신에게 집중될 수 있도록 약 3~5초의 시간을 두고 정중하게 인사를 한다.

④ 인사가 끝나면 두 발을 자신의 어깨 너비만큼 벌리고 양발에 균등하게 체중을 실은 다음 한 발을 약간 앞으로 내밀고 스피치를 시작한다.

⑤ 무슨 일이나 끝맺음이 중요하듯이 연사의 하단 역시 중요하다. 아무리 대중 스피치를 훌륭하게 잘했을지라도 하단할 때 태도가 나쁘면 공든 탑이 무너지는 결과를 가져올 수 있다.

⑥ 스피치가 끝나면 공손히 인사를 하고 자연스럽게 하단한다. 허

둥대는 태도, 거만한 태도, 피로한 태도, 공포 속에서 헤쳐 나온 듯한 태도, 혓바닥을 날름거리거나 손으로 얼굴을 만지는 태도 등은 삼가야 한다.

성공적인 대중 스피치를 위한 음성 수련

❶ 역동적인 목소리

노래를 부르는 사람이 아무리 음정과 박자를 잘 맞춘다 하더라도 목소리가 나쁘면 듣기가 거북하듯이 스피치를 할 때에도 음색이나 음량이 고르지 못하면 설득력이나 신뢰감을 감소시킬 수 있다.

선천적인 음성을 완전히 고칠 수는 없겠으나 꾸준한 발성 훈련과 호흡 단련으로 목소리를 어느 정도 개선할 수는 있다. 발성 훈련을 하는 데 몇 가지 주의해야 할 점이 있다. 산에서 발성 훈련을 하는 사람을 보면 아무렇게나 소리를 지르거나 악을 쓰는데, 너무 큰 소리로 하는 경우 목에 무리를 주어 목이 쉬거나 소리가 거칠어질 수가 있다.

산에 올라가 발성 훈련을 할 때는 제일 높은 소리와 중간 음 사이의 중간을 택해서 훈련하는 것이 좋다. 그리고 하나의 문장을 만들어 훈련하는 것이 바람직하다. 예를 들면 "바람아 불어라! 구름아 흘러가라! 별아 쏟아져라"라는 식으로 훈련하되 처음 구절은 낮은음으로, 다음 구절은 높은음으로 점층적으로 높이거나 낮추어 훈련해라. 이렇게 5

분씩 5회 정도 훈련한 다음 긴 호흡을 해 안정을 주는 것이 좋다.

목소리는 마음의 울림이다. 목소리에는 온도가 있고, 기쁨과 슬픔의 빛깔이 있다.

타고난 음성이 좋다, 나쁘다, 이것만 가지고 기뻐하거나 낙담하기보다는 어떻게 하면 음성 표현을 효과적으로 할 수 있는지 알아보자.

목소리에 자신의 감정을 끌어들여 미묘한 차이를 표현할 수 있는데, 음성의 고저, 장단, 강약, 완급 등 표현하는 방법에 따라 청중에게 내용을 더욱 이해시키고 감동시킬 수 있다.

연사의 음성은 마음의 가락이다. 때에 따라서는 따뜻하고 정감 어린 어조이어야 하고, 여름의 시원한 소나기같이 열성적으로 퍼부을 수 있어야 하며, 때로는 삭풍이 몰아치는 차가운 겨울바람같이 매서운 면도 있어야 한다.

먼저 천천히 또박또박 자연스럽고 크고 정확하게 발음하는 것이 좋다. 단조롭고 불분명한 대중 스피치처럼 비효과적인 것이 없으며 청중은 당연히 지루하고 따분해한다.

음성의 장단음을 정확히 표현하는 노력이 필요하며, 음절과 음절, 낱말과 낱말, 어구와 어구 사이의 완급, 적당한 쉼, 또한 음성의 속도와 고저, 강약 등에 대한 표현 연구가 필요하다.

❷ **호흡 조절**

호흡은 모든 발성과 불가분의 관계이다. 대개 노래를 잘 부르는 사람은 호흡이 길며 또한 호흡 조절을 잘한다. 대중 스피치에 있어서도 호흡은 참으로 중요한 요소이다.

호흡 방법에는 폐첨 호흡, 단식 호흡 등이 있는데 음성 수련과 건강 유지에 도움이 되는 단전 복식호흡에 대해 주로 설명하고자 한다.

① **폐첨 호흡(혼합식 호흡)** 숨을 들이마실 때 가슴과 어깨가 위로 올라가 폐를 수축하고, 가슴과 어깨가 내려오면서 탁한 공기를 토해내는 숨쉬기이다. 1분에 약 20회, 흥분했을 때 이런 호흡을 하게 된다.
② **단식 호흡(흉식 호흡)** 앞가슴만으로 숨을 쉬는 방법으로, 심리적인 공포를 느낄 때 가슴만으로 숨을 쉬는 호흡이다. 속도가 매우 빠르다.
③ **단전 복식호흡** 태아로 있을 때 인간은 배꼽으로 호흡한다. 단전 호흡은 태아의 호흡법을 재현하면서 호흡을 통해 기를 몸속에 넣어 건강 증진을 도모하고 각종 질병을 예방한다.

단전은 배꼽으로부터 3센티미터 정도의 아랫부분을 말하며, 이곳을 움직여 호흡한다. 이 방법은 긴장을 풀고 소리가 나지 않게 서서히 코로만 호흡을 해야 한다. 이때 허리는 곧게 펴고 단전만 움직여 아랫배 깊숙이 숨을 들이켰다 서서히 내뱉는다.

❸ 음성 단련

바로 지금 이 순간에 당신의 턱은 단단히 맞물려 있을지 모른다. 아래턱을 양 옆으로 움직여봐라. 턱이 느슨해지면 한결 쉽게 움직인다. 턱을 굳게 다물고 있으면 더 씩씩해 보일지 모르나 느슨한 턱은 음질을 좋게 한다.

호흡을 올바르게 하고 턱을 느슨하게 하면 음량이 풍부해진다.

∴ 음성을 효과적으로 이용하는 법

❶ 다양성을 기해라.

사람이 똑같은 내용의 말을 하더라도 화자의 음질에 따라 전혀 다르게 들릴 수 있다. 좀 더 다양하고 유연하게 말하는 화자의 말이 훨씬 더 우호적으로 들릴 수 있다. 그러므로 음성에 다양성을 기해라. 강경한 어조가 필요할 때는 터프 가이처럼 말하고, 사투리나 의성어가 나올 때는 구연동화에서처럼 말해라.

단음조는 지루하고 어쩐지 미심쩍고 신뢰성이 없는 것처럼 여겨진다.

① 속도를 늦추거나 음을 낮춰야 할 곳 강조하고자 하는 점, 다짐, 엄숙한 사실, 의혹을 자아내기 쉬운 사항, 숫자, 사람의 이름, 지명 등.

② 속도를 빨리 하거나 음을 높여야 할 곳 누구나 아는 그다지 중요하지 않은 사항, 스릴 있는 이야기의 클라이맥스 등.

③ 음을 높여야 할 곳 클라이맥스, 흥분되거나 격앙된 내용, 호소하거나 부탁하거나 선동하는 내용, 부패하거나 타락된 현실을 비판하는 내용 등.

❷ 호흡을 맞춰라.

새로운 생각을 표현할 때마다 호흡을 다시 가다듬고, 그 생각을 다 말

음성 단련 방법

- 볼, 턱, 혀, 목 운동을 활발하게 하여 안면 근육을 부드럽게 할 것.
- 단전에서 우러나오는 목소리가 되도록 복식 호흡을 단련할 것.
- 발음은 정확하게, 속도는 알맞도록 발음과 속도를 조절할 것.
- 될수록 짧고 규칙적인 훈련을 할 것.
- 자신의 특유의 음색이나 음성을 살리도록 자신만의 독특한 발음을 개발할 것.

할 때까지 숨을 아끼고, 모자랄 경우에는 다시 숨을 들이쉬어라.

❸ **서두르지 마라.**

흔히 대중 공포증이나 마이크 공포증이 있는 사람은 위축되어서 말이 빨라지기 십상이다. 천천히, 더러 말을 끊기도 하고, 잠시 침묵하기도 해라. 그러면 사람들은 더욱 주의 깊게 귀를 기울일 것이고, 말한 내용을 더욱 신중하게 받아들일 것이다. 그러나 너무 천천히 하는 것도 좋지 않다. 청중 앞에서 말할 때는 더욱 그렇다. 지나치게 빠르게 말하면 청중은 그 속도를 따라갈 수 없어서 당혹해하거나 내용이 시간을 두고 생각해볼 만한 가치가 없는 것이란 인상을 갖게 될 수 있다. 그러나 지나치게 느리게 말하면 지루함을 견디지 못해 관심을 잃어버리는 수가 있다.

단전호흡

좋은 음성 보존법
피로는 음성을 거칠게 하는 첫 번째 요소이므로, 중요한 대중 스피치가 있는 경우에는 전날 충분한 휴식이 필요하다. 담배, 목기침, 너무 많이 웃는 것 역시 성대에 부담을 주므로 피해야 한다. 목소리가 잘 안 나올 때는 길게 숨을 쉬거나, 침묵하거나, 레몬 즙이 든 따뜻한 차를 마시면 좋다. 많은 가수가 맥주와 우유를 피하는 것은 그것들이 목에 점액을 만들기 때문인데, 평소 가래가 있는 편이라면 대중 스피치 몇 시간 전에 맥주와 우유를 피하는 것이 좋다.

① 자극성 음식을 피할 것.
② 과음하지 말 것.
③ 공복엔 훈련을 삼갈 것.
④ 무리하게 훈련하지 말 것.
⑤ 평소에 과일이나 야채 등을 많이 섭취하고 의사의 지시 없이는 목소리에 좋다는 약을 사용하지 말며 식사 후엔 훈련을 피할 것.

단전호흡의 좋은 점
① 가슴이 두근거리는 긴장감, 공포감이 사라지고 정신의 안정, 몸의 균형 유지, 기억력의 증진 등 심신의 안정에 도움이 된다.

② 혈액순환을 호전시키며 심신의 피로와 심적 불안을 해소한다.
③ 소화력을 높이고 정신 통일에 좋은 결과를 가져다준다.
④ 장시간의 대중 스피치를 할 때나 클라이맥스에 있어서도 호흡량이 풍부해 숨이 차지 않으며 음질이 크고 곱다.
⑤ 의지력과 자신감을 갖는 데 효과가 있으며 항상 이 호흡법으로 발성 훈련을 하면 훌륭한 대중 스피치를 할 수 있다.

단전호흡 요령
① 바른 자세로 서거나 의자에 등을 바르게 대고 앉거나 책상다리를 하고 앉는다.
② 양손을 깍지 끼고 단전을 누르면서 아랫배가 불룩 나오도록 숨을 마시고 내뿜는다.
③ 하나 동작에, 코로 숨을 들이마시어 공기를 아랫배에 불룩하게 저장한다.
④ 둘 동작에, 깍지 낀 손바닥으로 단전을 누르면서 배에 있는 공기를 서서히 입으로 내뿜는다. 이때 내뿜는 공기의 힘으로 천천히 소리를 내면 단전호흡에 의한 발성이 된다.

성공 화술 백서

마음과 마음이 통하는 커뮤니케이션
― 열매 맺기

스피치는 상대에게 긍정적인 영향과 감흥을 일으킬 수 있어야 한다.
따라서 상호 작용이 되게 말하고, 한 박자 호흡으로 상대와 마음의 박자를 맞출 수 있어야 한다.

01 프로페셔널한 스피커의 조건

● ● ●

스피치는 사람을 대상으로 하고 한정된 시간 내에 전하고자 하는 말을 끝내야 한다는 시간 제약과 함께 목적을 달성해야 한다는 점 때문에 심리적 부담이나 정신적인 구속을 가한다. 한편으로 마지못해 하면서도 '이왕 하는 것 잘해야 한다'는 생각이 마음속에 도사리고 있어 갈등과 부담이 고조된다. 집단토론 면접에서도 마찬가지다. 그러나 그 가운데서도 얼마나 알찬 내용을 어떻게 효과적으로 전달하느냐 등에서 실패와 성공이 좌우된다.

그러므로 명스피커가 되기 위해서는 첫째 심리적 안정감이 있어야 한다. 혼자서 혹은 친구들 앞에서는 노래를 아주 잘하던 사람이 전국노래자랑같이 많은 사람이 모인 자리에서는 긴장하여 평소의 실력을 발휘하기는커녕 음정, 박자까지 놓치는 경우가 많다. 이는 심리적 안정감이 결여되어 있기 때문이다. 따라서 심리적 안정감을 갖는 것이 매우 중요하다.

둘째, 효과적인 전달 능력이 있어야 한다. 아무리 좋은 노래도 음치가 부르면 노래의 맛이 전달되지 않듯이, 아무리 좋은 내용의 원고도 빈약한 목소리와 변화 없는 단조로운 음으로 표현한다면 효과적으로 의미를 전달할 수도 없고 상대는 금방 지루하게 느낀다. 효과적인 전달 능력을 갖기 위해서는 음성의 고저와 강약, 완급, 감정이입, 표정과 시선, 발표 매너 등을 익혀야 한다.

셋째, 논리적이고 알찬 내용 구성법이다. 아무리 훌륭한 요리사라도 재료가 부실하면 좋은 요리를 기대할 수 없다. 또한 아무리 성능이 좋은 총도 실탄이 없거나 충분치 않다면 제대로 활용할 수 없다. 따라서 논리적이고 알차게 내용을 구성해야 한다.

프로페셔널 스피치 요령

대중 앞에서 이야기를 할 땐 특히 자신이 알고 있는 지식을 과시하려고 말을 어렵게 하거나, 고상하고 품위 있는 말을 해야 한다는 강박관념에 사로잡히기 쉽다. 사실 이런 건 다 부질없는 생각이다. 말 잘하는 사람은 평범한 이야기 속에 핵심을 담아 청중의 마음을 움직이는 재주가 있다. 사람들은 어느 박식한 사람의 고상한 설교보다는 이웃집 아저씨가 옛날이야기를 들려주듯 쉽고 간단하게 예를 들어가며 하는 말에 더 강한 인상을 받는다.

❶ **이야기보따리는 생활에서 찾아라.**

링컨 대통령은 "예화를 사용하지 않고 20분간 연설하는 것이 예화를 사용하면서 한 시간 동안 연설하는 것보다 더 지루하다"라는 말을 했다. 아무리 차원 높은 이야기라 할지라도 단순한 이론적 전개나 고리타분한 미사여구로는 청중의 관심을 얻을 수 없다. 돌아보면 우리 주위에도 이야깃거리는 얼마든지 있다. 평범한 삶의 이야기를 어떤 식으로 풀어나가느냐에 따라서 이야기의 수준이 결정된다.

❷ **말은 짧게 해라.**

현대인은 복잡한 것에 식상해 있다. 모든 게 단순화되어가고 있다. 말이나 연설도 마찬가지이다. 요즘 사람들은 간결한 말을 좋아한다. 또 말은 짧을수록 감칠맛이 나기도 한다. 바쁘디바쁜 비즈니스맨의 세계에서도 역시 간결하고 빠른 논리 전개가 설득력을 갖는다. 그러나 상대의 이해를 방해하지 않을 정도의 속도는 지켜야 한다.

간결함은 대화의 생명이다. 질질 끄는 장광설은 오히려 신뢰감을 떨어뜨리는 요인이 될 수 있다. 교섭의 내용이 복잡한 경우에도 가능한 한 이야기의 요점을 압축하고 핵심을 이해시키도록 노력해야 한다.

❸ 시작과 끝이 좋아야 한다.

단 20분간의 연설을 위해 몇날 며칠을 준비해놓고 기껏 연단에 올라서자마자 "준비가 부족해서" 또는 "아는 게 많지 않아서"라는 말로 겸손을 떤다면 청중은 어떻게 생각할까? 혹은 기껏 정해진 연설을 다 끝마친 다음에 "시간이 부족해서 전부 다 말씀드릴 수는 없고……"라는 말로 인사를 대신한다면 청중은 과연 감동받을 수 있을까? 이런 말은 결국 자신의 성의가 부족했거나 연사로서의 자격이 떨어진다는 것을 증명하는 꼴밖에 안 된다. 청중의 호기심과 흥미를 유발할 수 있는 자신 있는 멘트로 서두를 장식하고 끝맺음도 성의 있게 해야 프레젠테이션 전체가 살아나는 것이다. 시작이 반이라고 했다. 그렇다면 나머지 반은 끝맺음에 있다고 생각하자.

❹ 청중의 반응을 읽어가며 말해라.

경험이 없는 연설자가 흔히 범하기 쉬운 실수가 바로 청중의 반응을 감지하지 못하고 자신이 준비한 시나리오만 막무가내로 읽어 내려가는 것이다. 대중 스피치에서는 청중이 왕이다. 청중이 지루해하면 끝마무리로 들어갈 수 있는 준비를 좀 더 빨리 하든지, 혹은 주제에서 좀 벗어나더라도 흥미를 줄 수 있는 이야기로 전환하는 재치가 필요하다.

❺ **한 개의 테마는 5분 이내에 설명을 끝내라.**
들으나 마나 한 이야기를 가지고 지지부진하게 시간만 끌고 있으면 청중은 이내 딴 곳에 시선을 돌려버리고 만다. 대중 스피치는 특히 내용이나 구성 면에 있어서 다이내믹한 전개가 이루어져야 한다.

❻ **내용이 충분하다면 말솜씨는 큰 문제가 아니다.**
대중 스피치가 감동을 줄 수 있는 것은 그만큼 말에 알맹이가 있기 때문이다. 그러므로 단 한 마디라도 사람의 마음을 파고드는 깊이가 느껴지도록 좋은 내용을 준비하는 데 주력해야 한다. 모름지기 진심은 통하게 마련이다. 꾸밈없고 자연스럽게 친구에게 이야기하듯 청중을 대하다 보면 자신도 모르게 말의 가닥을 잡게 되어 자신감 있는 스피치를 진행할 수 있게 된다.

❼ **자신을 너무 의식하지 마라.**
인간은 누구나 자기 방어의 본능이 있다. 그래서 보이지 않는 껍데기 속에 스스로를 가두게 되는 것이다. 그 껍데기란 자기 자신을 교양이나 인격, 자존심 따위의 가면으로 포장하는 것을 말한다. 그것을 벗고

나오면 훨씬 더 자유롭고 편안해진다는 것을 알고 있지만 그게 또 여간 어려운 일이 아니다.

청중 앞에서 자연스럽게 말하는 것이 좋다는 것을 알고 있는데도 막상 해보면 여지없이 태도가 굳어지고 만다. 이때 가장 큰 장애가 되는 것은 자신을 너무 의식하는 데서 오는 부자연스러운 느낌이다. '내가 지금 많은 사람 앞에 서 있다'고 생각할 때부터 스피치는 어려워지고 마음의 부담이 생기는 것이다.

청중을 상대로 하는 것이기 때문에 '음성도 좋아야 하고, 발음도 좋아야 하고, 내용도 좋아야 하고, 표현도 잘해야 하고……' 이런 식의 강박관념에 사로잡히게 되면 말투부터 딱딱해지고 억양도 이상해져서 억지로 꾸미게 되고 남의 흉내나 내며 어설픈 스피치를 하게 된다.

최고의 대중 스피치는 스피치하는 사람이 청중 앞에 서 있다는 것을 의식하지 않고 자연스럽게 그들과 공감대를 형성하는 것이다. 청중을 상대로 자신의 주장을 펼친다기보다 그들과 이야기를 나눈다는 기분으로 임해야 말도 제대로 나오는 법이다. 그러므로 대중 스피치의 흐름을 대화식으로 연출하는 것도 방법이 될 수 있다. 청중과 이야기하듯 스스로 질문을 던지고 그 질문에 답변해나가는 것이다.

"그런데 여러분은 제가 지금 말씀드린 사실을 납득할 만한 증거가 어디 있느냐고 묻고 싶을 겁니다. 그렇지 않습니까? 네, 물론 충분한 증거가 있습니다. 그것은……."

이렇게 스스로 묻고 대답하는 방식의 연출은 청중과의 거리감을 좁혀가며 분위기를 좀 더 편안하게 유도한다. 당신의 이야기가 아무리 강력한 메시지를 담고 있다 하더라도 그 말하는 법, 말하는 태도에 힘이 없고 성실함이 느껴지지 않는다면 아무런 효과도 기대할 수 없다. 스피치에는 살아 움직이는 신선함이 있어야 청중의 호응을 이끌어낼 수 있는 것인데, 그 신선함이란 바로 당신 자신의 가장 자연스러운 모습이란 걸 잊지 말아야 한다.

명웅변가들의 스피치 비결

❶ 글레스톤의 비결

① 용어는 쉽고 간편한 것을 선택해라. 대부분 경험이 부족한 연사는 권위 의식에 사로잡혀 한자나 외래어, 전문 용어를 사용하는데 이것은 잘못이다. 청중 가운데는 지식이 많은 사람도 있고 그렇지 못한 사람도 있다. 연사는 지식이 많은 사람이나 적은 사람이나 동일한 청중이라는 사실을 잊어서는 안 된다. 따라서 누구나 알기 쉬운 말을 선택하는 것이 이상적이다.

② 어구語句를 될 수 있는 한 짧게 해라. 말과 글은 이해도에 있어 대단한 차이가 있다. 글은 독자가 어느 정도 시간적 여유를 가지고 되풀이해서 읽을 수도 있으나 말은 청중의 청각적 방법에 의해

순간적으로 이해를 구하는 것이기 때문에 짧고 쉬운 어구가 아니면 이해하기 곤란하다.

③ 발음을 명료하게 해라. 부정확한 발음은 의사 전달에 있어 곤란을 주는 가장 큰 원인이다. 따라서 연사는 정확한 발음이 나오도록 훈련해야 한다. 특히 입 모양의 변화에 따라 모음의 소리가 달라진다는 것을 잊지 말아야 한다.

④ 논점을 철저히 고찰해라. 연사의 연설이 끝나면 비평가들은 허점을 발견하려고 애쓰며 빈틈을 잡고 공격을 가할 것이다. 연사는 비평가와 반대자의 의견을 듣기 전에 자신이 먼저 논점을 철저하게 고찰해야 한다.

⑤ 임기응변할 수 있도록 충분한 연습을 해라. 풍부한 자료 수집과 빈틈없는 구성을 했음에도 불구하고 연설에 실패하는 경우가 있기 때문에 연사는 논지論旨를 완전히 소화해 분위기의 변동에 따라 임기응변할 수 있는 충분한 연습이 필요하다.

⑥ 청중을 파악해라. 연설의 목적은 연사가 생각하는 방향으로 청중을 유도하는 것이다. 따라서 청중의 심리와 욕구가 무엇인가를 파악해 연사 중심이 아닌 청중 중심의 연설을 해야 한다.

❷ 카네기의 비결

① 자아의식 과잉의 적을 극복해라. 자아의식에 얽매여 구속되고

딱딱하게 긴장하는 것에서 해방되어야 한다. 여러 사람 앞에서 일단 자신의 껍질을 벗어버리는 것만 터득하면 그 후부터는 대중 앞에서 자신의 견해를 표현하는 데 망설이거나 주저하지 않고 자연스럽게 이야기할 수 있을 것이다.

② 흉내 내지 말고 자기 자신만의 개성을 살려라. 인간은 누구나 한 개의 코와 입, 두 눈을 가지고 있지만 누구 한 사람도 똑같은 용모를 가진 이가 없듯이 개개인은 다 각기 다른 개성을 가지고 있다. 자신의 개성을 살려나갈 때 연설의 힘과 진취성을 당겨주는 불꽃이 될 것이니 자신의 독자성을 잃지 말고 개성을 살려야 한다.

명웅변가의 스피치 비결

- 용어는 쉽고 간편한 것을 선택한다.
- 어구를 될 수 있는 한 짧게 한다.
- 발음을 명료하게 한다.
- 논점을 철저히 고찰한다.
- 임기응변할 수 있도록 충분한 연습을 한다.
- 흉내 내지 말고 자기 자신만의 개성을 살린다.
- 청중과 이야기하듯 한다.
- 이야기에 자신을 투입한다.
- 목소리를 힘 있고 부드럽게 하는 훈련을 쌓는다.

③ 청중과 이야기하듯 해라. 지시나 명령조의 연설은 청중으로부터 반발을 불러일으키기 쉽다. 같은 동료의 입장에서 친절하고 명랑하게 사실을 솔직하게 이야기하는 것이 효과적이다.
④ 이야기에 자신을 투입해라. 말을 할 때는 그 내용에 자신의 전부를 투입해야 한다. 이때 주의해야 할 점은 감정을 어떻게 조종하느냐인데 성실과 노력이 겸손하게 겉으로 나타날 때 청중의 큰 호응을 얻을 수 있다.
⑤ 목소리를 힘 있고 부드럽게 하는 훈련을 쌓아라. 자연스럽게 행동하고 꾸밈없이 이야기해야 하는데 특히 주의할 점은 조잡한 비유나 자기 자랑, 단조로운 말로 청중의 기분을 상하게 해서는 안 된다는 것이다. 목소리는 항상 맑고 깨끗하면서도 힘이 있고 진실성이 보여야 한다. 어둡고 탁한 음성은 상대에게 부담을 주기 때문에 맑은 음성으로 부드럽게 말하는 훈련을 해야 한다.

언어 12계명

① 긍정의 언어를 사용해라. 부정적이거나 회의적인 말을 버리고 긍정적이고 적극적인 언어로 서로를 창조적으로 변화시켜라.
② 칭찬과 격려의 말을 자주해라. 말로 서로를 축복하고 칭찬과 격려에 인색하지 마라. 작은 일에도 감사하고 또 감사해라.

③ 말하기보다 듣는 입장이 돼라. 자신의 의견만을 고집하거나 일방적으로 연설하려 들지 말고 다른 사람의 의견과 말을 정성껏 들어주어라.
④ 목표와 비전을 끊임없이 선포해라. 대화 중에 항상 사명과 목표를 서로 나누고 시인해라.
⑤ 돌려서 이야기하지 말고 명확하게 말해라. 모호한 이야기는 오해의 소지를 남길 수 있다. 말하고자 하는 바를 간단명료하게 전하는 것을 습관화해라.
⑥ 상사나 선배에 대해 비난하지 마라. 특별히 공개적인 자리에서 비관적인 이야기를 삼가라. 말로써 개인적 불만을 해소하려 하지 마라.
⑦ 그 자리에 없는 사람에 대해서 이야기하지 마라. 칭찬 이외에는 다른 사람의 이야기를 뒤에서 하지 않도록 해라. 또 필요 이상의 자세한 사생활을 대화의 소재로 삼지 마라.
⑧ 실수한 말에 대해서는 반드시 사과해라. 말로 상처를 주는 일이 없도록 하고 실수한 경우에는 그 자리에서 본인에게 사과해라.
⑨ 대화 중에 '내가' 라는 말을 많이 하지 않도록 하고 무엇이든 자신이 다 한 것처럼 말하지 말고 다른 사람에게 영광을 돌려라.
⑩ 업적을 핑계 삼아 자기 자랑을 하지 마라.
⑪ 비교하는 말을 하지 마라. 욕도 아닌 것이 욕보다 더 가슴에 상

처가 된다.

⑫ 호언장담하지 마라. 한 치 앞을 내다보지 못하는 게 인생이다. "나는 무사고 운전 20년이라고……" 하는 순간 사고를 부를 수 있다.

02 커뮤니케이션의 5가지 기술

말로 천 냥 빚을 갚는 사람이 있다. 같은 말을 해도 따뜻하게, 상대방을 배려하면서, 상대의 말을 잘 들어주면서, 상대방과 마음까지 소통하는 사람은 조직 내에서 늘 환영받는다. 커뮤니케이션은 '관계'이다. 다른 사람에게 내 뜻을 알리는 것, 다른 사람이 하는 말의 핵심을 파악하는 것, 그 과정에서 관계가 만들어지고 유지된다. 똑같은 내용을 이야기하더라도 핵심을 더 잘 말하는 방법은 분명히 있다. '아' 다르고 '어' 다르듯 비슷한 말이라도 핵심을 꿰뚫는 말이 있고, 횡설수설하는 말이 있다. 기왕이면 듣는 사람의 마음을 움직이는 힘 있는 메시지를 핵심으로 전달하는 것이 좋다. 또한 커뮤니케이션은 '소통'이다. 마음의 소통이 없으면 겉으로만 커뮤니케이션이 일어날 뿐, 진정한 교류는 없다. 마음을 움직이는 메시지의 힘은 '핵심'에 있다. 커뮤니케이션은 단순히 '화술'의 문제만은 아니다.

　마음을 움직이는 힘 있는 메시지는 혀에서 만들어지는 것이 아니다. 힘 있는 메시지, 마음을 움직이는 메시지는 마음에서 만들어진다. 사람의 마음을 움직이는 데는 메시지와 전달 방식이 모두 중요하다. 메시지를 어떻게 설득력 있게 구성하고, 어떻게 핵심을 전달하느냐가 기본이다. 전달 방식은 이미 만들어놓은 메시지를 더 효과적으로 전달하기 위한 포장에 불과하다.

　핵심적인 메시지, 콘텐츠가 없는 상황에서 전달 방식이나 말하는 스타일만 열심히 가꾸어봐야 공허한 내용이 겉돌 뿐이다. 커뮤니케이션은 기본적으로 '투웨이'가 되어야 소통이 가능하다. 일방적인 전달, 마음에 와 닿지 않는 메시지, 한 귀로 듣고 한 귀로 흘려버리는 단어는 무의미하다. 말하는 사람과 듣는 사람의 마음속에 머물러 서로 소통이 일어나야 하고, 그 소통은 '투웨이'일 때 가능하다. 일방적인 커뮤니케이션은 마음의 물결에 아무런 흔적도 남기지 못하고 사라진다.

　효과적인 커뮤니케이션을 위해서는 상대에게 자신의 의견이나 주장을 효과적으로 전하고, 상대가 하는 말을 제대로 듣고 이해하는 것이 필요하다. 여기에 더해, 상대의 말을 인정하고 칭찬하는 기술도 대화를 부드럽게 이끌어 상대의 마음을 감동시키는 유용한 기술이다. 또한 상대에게 어떤 종류의 말이나 질문을 할 것인지를 미리 알리고,

말을 해도 좋은지 상대의 동의를 구하는 레이블링 기술은 커뮤니케이션의 격을 높이고, 대화의 주도권을 유지하는 데 매우 효과적인 기술이다. 효과적으로 사용되는 5가지 커뮤니케이션 기술은 스트로크(Stroke), 레이블링(Labeling), 말하기(Speaking), 경청(Listening), 질문(Question)이며, 이들의 약자를 따서 SLSLQ 모델이라고 부른다.

스트로크(Stroke)

스트로크의 사전적 의미는 "보트에서 노를 젓는 한 번의 동작, 수영에서 손으로 물을 끌어당기는 동작", "쓰다듬다, 어루만지다"이다. 자동차 엔진의 내연기관에서는 피스톤이 실린더 내부를 한 번 움직이는 최대 거리를 뜻하기도 한다. 이러한 뜻을 가진 스트로크가 커뮤니케이션에서는 "서로 간에 주고받을 수 있는 모든 반응"을 의미한다. 여기서의 반응은 칭찬, 격려, 인정, 관심, 어깨를 토닥거림, 보디랭귀지 등을 말한다. 이에 반해 꾸지람, 비난, 무시, 폭력 등도 스트로크에 포함되는데, 전자를 긍정적 스트로크라 하고, 후자를 부정적 스트로크라 한다.

사람들은 일상생활에서 다른 사람과 끊임없이 스트로크를 주고받는다. 엄마가 아기를 품에 안거나 어루만지는 것도 긍정적 스트로크이다. 그런데 보통 사람들은 긍정적 스트로크보다는 부정적 스트로크를 많이 사용한다. 자신의 아이를 무조건 야단치거나 사회에서 만나는 상대를 비난하고 무시한다. 부정적 스트로크는 인관관계에서 많은 문제를 일으킨다. 그래서 최근에는 인간관계를 개선하고 리더십을 가지기 위한 방법으로 남을 칭찬하고 격려하라는 말을 강조하는데, 이것이 긍정적 스트로크를 활용해 상대와의 관계를 좋게 하라는 것이다.

긍정적 스트로크의 예
① "네, 정말 효과적인 방법이네요."
② "제 질문에 자세히 답을 해주셔서 많은 도움이 되었습니다."
③ "기발한 아이디어입니다."
④ "매우 중요하고 핵심을 찌르는 질문을 해주셨네요."

레이블링(Labeling)

레이블label은 보통 라벨이라고 부르는 것으로, 두 가지 용도가 있다. 하나는 상품의 용기에 상품명을 인쇄해 붙이는 것이고, 다른 하나는 파일에서 원하는 자료를 쉽게 찾을 수 있도록 주제별이나 단원별로 표시하는 것을 말한다. 한쪽 면에 접착제가 있어 자료의 가장자리에 쉽게 붙일 수 있다. 라벨을 잘 활용하면 자료를 보관하고 찾는 데 시간과 노력을 절약할 수 있다.

레이블링은 "상대가 경청하게 만들고, 대화의 주도권을 갖게 하고, 특히 상대에게 내가 던진 질문의 대답을 회피하지 않게 하는 것"이다. 예를 들면 "질문이 있습니다", "질문 하나 해도 될까요?", "좋은 소식과 나쁜 소식이 있는데, 무엇을 먼저 알려드릴까요?" 등이 레이블링 기술이다.

비즈니스를 하면서 상대로부터 민감한 사항에 대한 질문을 받았을 때 바로 대답하기가 곤란한 경우가 있는데, 이것을 효과적으로 극복할 수 있는 기술이 레이블링이고 이것을 사용해 자신이 원하는 질문을 할 수 있는 대화의 주도권을 가질 수 있다.

"제가 궁금한 것이 있는데, 여쭈어봐도 될까요?"
"지금 말씀하신 내용과 다른 의견을 말씀드려도 되겠습니까?"

말하기(Speaking)

보통 커뮤니케이션을 논할 때 가장 먼저 생각하는 것이 말하기인데, 가장 많은 비중을 차지하기도 한다. 앞에서 설명한 스트로크, 레이블링, 그리고 뒤에서 설명할 '질문' 등이 '말하기'에 포함된다. 그만큼 '말하기'는 광범위하고 우리의 삶과 밀접해 있다.

흔히 말을 잘하는 사람이란 어떤 사람이라고 생각하느냐고 질문하면, "말을 더듬거리거나 끊지 않고 죽 이어서 하는 사람"이라고 대답

한다. 과연 이렇게 말하는 것이 말을 잘하는 것일까? 이것은 우리 모두가 신중하고 냉철하게 짚어보아야 한다. 말을 잘한다고 평가되는 이들의 말하는 것을 살펴보면, 발음이 명확하지도 않고 말의 속도와 강약에도 변화가 없다. 잠시 멈추어야 할 중요한 곳에서도 멈추지 않고 일사천리로 말한다. 듣고 나면 무엇을 강조하고 전하려 한 것인지 불명확할 때가 많다. 그래서 이런 사람들을 보면, 어떻게 말하는 것이 잘하는 것인지 정확한 기준도 없는 것처럼 보인다.

말하는 방법이나 기술을 중요하게 생각하는 사람들은 그리 많지 않다. 그저 말의 끊임이 없이 자신의 생각을 말하면 말을 잘한다고 한다. 그러나 상대를 설득할 때 필요한 '말하기'는 전혀 다르다. 그래서 '말하기'에 관한 기술을 익혀야 한다.

경청(Listening)

커뮤니케이션에서의 듣기는 말하기와 함께 매우 중요한 기능을 한다. 어떤 사람은 말하기보다 듣기에 더욱 노력하고 시간을 할애하라고 말한다. 사람에게 귀는 두 개이고 입은 하나인 이유는, 말하기보다 많이 들으라는 뜻이라는 비유를 하기도 한다. 그만큼 듣기가 중요하다는 것이다.

상대가 하는 말을 열심히 잘 들으라는 의미로 '경청' 하라고 강조한

다. 그래서 경청의 의미를 "상대가 무슨 말을 하는지 열심히 듣는 것"으로 이해하는 사람들이 있다. 그러나 열심히 듣는 것은 경청Listening이 아니고 그냥 듣기Hearing다. 진정한 의미의 경청은 "상대가 하는 말에서 사실과 감정(또는 의견, 가정, 추측 등)을 구분해 듣는 것"이다.

우리가 흔히 말하는 듣기는 열심히 듣는 것이다. 그런데 이러한 듣기는 주로 자기 입장을 기준으로 한다. 따라서 상대가 전하려는 의미가 왜곡될 가능성이 많다. 예를 들어 매우 중요한 비즈니스 대화에서 상대가 하는 말을 듣기만 해서는 문제가 생긴다. 왜냐하면 듣기는 상대가 나를 기준으로 상대가 하는 말에만 초점을 맞추는 것이기 때문이다.

경청은 열심히 들을 뿐 아니라, 상대의 말을 사실과 감정으로 구분해 듣는 것이라 설명했다. 그런데 이러한 경청은 상대와 공감대를 형성하면서 듣는 것을 말한다. 따라서 경청하면 전달되는 내용이 왜곡되거나 오해를 불러일으키는 경우는 거의 없게 된다. 커뮤니케이션에서 문제가 발생하는 것은 대화에 참가하는 사람들이 '경청'이 아닌 '듣기'를 하기 때문이다. 듣기가 상대의 말에만 초점을 맞추는 데 반해, 경청은 사실과 감정의 구분은 물론 상대의 표정도 함께 읽는 것이다.

질문(Question)

대부분의 사람은 상대를 설득하려 할 때, 질문하지 않고 주로 말(논증)을 한다. 그러나 상대의 관심이나 문제가 무엇인지 파악하지 못한 채, 내 말만 하다 보면 상대는 지루해진다. 그렇게 되면 설득은 실패하게 된다. 그러니 설득하려면 질문해야 한다.

상대와의 대화나 설득을 위한 커뮤니케이션 방법 중에서 가장 강력한 수단이 질문하는 것이다. 그런데 아무리 통신 기술이 발달해도 휴대전화나 전자메일이 효과적인 질문을 대신해주지 못한다. 결국 설득 기술, 대화 기술, 질문 기술은 통신 기술이 발전하는 것과 관계없이, 우리 스스로 역량을 향상시켜야 하는 것이다.

질문이 무엇이냐고 물어보면, 보통 사람들은 쉽게 "자신이 모르는 것을 알기 위해 상대에게 물어보는 것"이라 말한다. 이것은 질문의 가장 기본적인 역할만을 말한 것이다. 그렇다면 우리는 자신이 모르는 것이 있는 경우에만, 이것을 알기 위해 질문을 하고 있을까?

결코 그렇지 않다. 때로 우리는 이미 알고 있지만 상대가 알고 있는지 확인하기 위해 질문을 사용하기도 한다. 커뮤니케이션에서의 질문은 내가 모르는 것을 물어보는 것만이 아니고, 상대가 어떻게 얼마나 알고 있는지 확인하기 위해서도 사용된다.

03 교육 훈련 유형과 기법

교육 훈련 유형 중 강의, 토의, 회의, 인터뷰, 언론 홍보에 대해 알아보겠다.

강의

강의는 역사적으로 가장 오래되고 많이 사용되는 교육 훈련 방법이다. 강의의 역사는 고대 희랍 시대까지 거슬러 올라간다. 그때부터 위대한 교사는 웅변을 할 줄 아는 사람으로 간주되었고, 당시 사람들은 웅변의 효과적인 방법이 무엇인지 탐색하는 데 관심을 기울였다. 강의는 강사가 학습자에게 지식이나 기능을 구두로 전달하고 이해시키는 형태이다.

　강의는 많은 학습자를 짧은 시간에 동시에 가르칠 수 있어 경제적이면서 용이한 교수 기법이다. 주로 강사의 의도하에 정보나 지식을 체계적으로 가르칠 수 있다. 강의 내용을 강사가 적절히 조정할 수 있으며, 전체적인 전망을 제시하거나 요약하거나 강조하고자 할 때 유용하다. 학습 보조 자료, 시청각 자료 등을 적절히 제시하면 보다 효율적일 수 있다. 자료를 소개하고 정보를 제시하며 개념을 설명하는 데 있어서 효과적이고 유용한 방법이다.

　반면 강의는 강사 중심으로 수업이 전개되기 때문에 학생들의 적극적 참여가 결여되고 수동적이 되기 쉽다. 대부분의 경우 강사가 학생을 획일적으로 대하게 되어 학생들의 개인차나 특성을 고려한 수업을 기대할 수 없다. 강사의 교수 능력에만 전적으로 의존하기 때문에 전문 지식이 부족하거나 전달 능력이 떨어질 경우 실패하기 쉬우며, 강사가 일방적으로 수업을 진행하기 때문에 학습자의 창의력이나 응용력, 반영적 사고를 조장하기가 힘들다는 단점이 있다.

　강의를 준비하는 데는 다른 교수 방법을 준비하는 것과 마찬가지로 강의의 목표를 설정해야 한다. 그런 후에 강의가 적절한 교수 방법인가를 검토해야 한다. 설정된 목표에 따라 강의하고자 하는 내용을 선정하는 일이 필요하다. 강의의 내용은 목표에 부합하면서 또한 학습자의 수준이나 강의 시간 등에 맞추어서 선정되어야 한다. 강의 내용을 선정할 때 특히 조심해야 할 점은 적당한 양을 조절하는 것이다.

다음으로 강의하고자 하는 내용과 이의 구성에 철저한 연구와 숙지가 이루어져야 한다. 강의 내용을 선정하고 이를 어떻게 제시할 것인가에 대한 조직이 필요하다.

강의 내용의 조직이 끝나면 강사는 그러한 내용을 강의하는 데 필요한 여러 가지 보조 자료를 준비한다. 또한 강의실의 여러 가지 물리적 환경을 고려한다. 강사가 강의를 하는 데 있어서 신경을 써야 하는 점은 계속해서 주의를 집중시키고 유지해나가는 일이다.

강사가 갖추어야 할 다른 중요한 요소는 화술이다. 언어적 표현의

 강의를 조직하는 세 가지 유형

- 지극히 전통적인 접근 방식으로, 분리 체제를 근간으로 내용을 조직하는 것이다. 이때 분류의 준거가 되는 것으로는 시간 또는 연대기적인 순서, 공간적인 순서, 영역의 크기, 강도 등이 있을 수 있다.
- 문제 중심으로 강의를 조직하는 접근 방식이다. 강의 내용의 초점으로 특별한 문제를 먼저 제기하고 그것을 해결해나가는 과정으로 강의 내용을 조직한다.
- 원리 중심으로 조직하는 것이다. 결론을 향한 일련의 진술 문의를 모은 것으로 원리는 연역적 혹은 귀납적으로 제시될 수 있다.

분명성뿐만 아니라 강사는 목소리의 질, 크기, 음조, 속도 등을 자유로이 조절할 수 있어야 한다.

　강의만으로 교육을 진행하면 강사 위주의 학습이 되어 주입식 교육이라는 비판을 받기도 하지만, 다른 교수 방법과 적절하게 병용해 활용하면 효과적인 교수법이 될 수 있다. 강의만으로는 학습자의 능동성, 적극성이 결여되고, 문제 해결 능력이나 창의적 능력의 형성이 어려우므로 이런 단점을 보완하기 위해 다른 방법과 혼합해 활용하는 것이 바람직하다.

토의

토의는 교수자와 학습자, 그리고 학습자와 학습자 간의 상호 교류를 통해 주어진 학습 과제를 풀어나가고 정보를 획득하는 공동의 학습 형태이다. 토의는 인문, 사회, 문화와 같은 학술 과목뿐만 아니라, 어떤 특정한 개념을 적용시켜 응용할 수 있는 분야나 문제 해결의 기능을 습득하는 것이 학습의 목표가 되는 교과목 어느 분야든지 활용할 수 있다.

　토의는 지식의 전달을 목표로 하는 것이 아니라 학습자끼리 협력을 통해 문제를 해결하는 것이기 때문에 다른 학습과는 또 다른 교육적 가치를 얻을 수 있다.

토의식 수업은 사회적 기능을 키우는 데 도움을 준다. 토의에서 교수자의 역할은 두 가지로 볼 수 있다. 학습자 간의 상호 교류를 원만히 해주는 관찰자의 역할에 머무는 경우와 토의 집단의 구성원으로서 적극적으로 토의에 참여하는 경우이다. 이때에는 교수자가 존재하지 않는 토의가 이루어진다.

토의 집단 구성 시 원활한 토의를 위해 고려해야 할 점을 알아보면, 우선 토의가 원활하게 이루어지기 위해서는 집단의 크기와 구성원의 특성을 고려해야 한다. 전체 학급이 토의에 참여할 수 있는지, 아니면 몇 개의 집단으로 나눌 것인지를 생각해 효율적인 토의가 될 수 있도록 해야 한다. 또 집단 구성원을 동질적으로 할 것인지 이질적으로 할 것인지도 고려해야 한다.

토의는 상호 교류가 가장 중요하므로 참가자들을 원형으로 배치해 학습 분위기를 조성하고 서로의 관심을 높여준다. 토의는 의사를 발표할 수 있는 기회를 갖기 때문에 문제에 대해 관심과 흥미를 높일 수 있고 깊은 생각을 하게 할 수 있는 장점이 있다. 또한 현대 조직 사회에 필요한 여러 가지 태도, 예컨대 타인의 의견을 존중하고 합의를 도출해가는 생활 태도를 육성할 수 있다.

토의식 수업에서는 학습자들과 새로운 정보 교환이 많기 때문에 학습자가 기존에 갖고 있던 생각을 끊임없이 수정하는 열린 자세를 가질 수 있게 된다. 그리고 이 수업은 학습자의 능동적 참여를 요구하기 때문에 학습자가 교수자에게 의존하지 않게 됨으로써 학습자 중심의 자율 수업이 이루어진다. 그러나 토의식 수업은 진행 단계뿐만 아니라 준비 계획 단계부터 많은 시간이 소요된다. 또한 토의 과정에 있어 시간 분배가 어렵고 다른 수업에 비해 시간 소비가 많다는 한계를 가지고 있다. 또 토의의 목적에서 벗어나 불필요한 논쟁을 벌일 소지가 많고 학습자 몇 명에 의해 토의가 주도될 가능성이 있다. 학습자들이 주제에 대한 충분한 이해 없이 토의가 진행될 경우 실제 토의식 수업에서 기대하는 효과에 미치지 못하는 경우도 많다.

토의의 유형으로 원탁 토의, 배심 토의, 공개 토의, 단상 토의, 대화식 토의, 세미나 등이 있는데, 각 유형의 특징을 살펴보면 다음과 같다.

❶ 원탁 토의

소규모의 인원이 둥근 탁자에 둘러앉아 자유롭게 의견을 교환한다. 참가자에게는 의견을 발표, 청취할 수 있는 자유로운 분위기가 필요하며, 사회자는 회의의 규칙에 따라 토의를 진행해 결론에 도달하게 한다.

원탁 토의는 명백히 선정되어 있는 주제를 가지고 대담식 토론을 전개해나가는 것이며, 토의가 성공적으로 이루어지기 위해서는 충분한 경험을 지닌 사회자가 필요하다. 토론에서 합의된 결과에 대한 책임은 참여자가 모두 똑같이 공유한다는 점에서 매우 민주적인 토론

기법이다.

　모두가 참여하는 토의가 되기 위해 철저한 사전 준비는 물론 토의가 소모적 논쟁이나 논박으로 흐르지 않도록 주의해야 한다. 사회자는 침묵하거나 소외되는 참가자들을 살피고 참가자 모두가 발언할 수 있도록 기회를 적절히 제공해야 한다. 또한 구성원들이 동질적이지 않거나 지식 수준, 대화 능력 등에 있어 차이가 클 경우 토의가 실패할 가능성이 커지므로 참가자를 구성할 때 유의해야 한다.

❷ **배심 토의(패널)**

사회자의 진행에 의해 특정 주제에 대해 3~6명 사이의 사람이 대립된 견해를 가지고 청중 앞에서 논쟁을 벌이는 것이다. 구성원은 청중 앞에서 유목적 대화의 형태로 토론을 하게 된다. 이때 청중의 발언이나 질문도 적절히 받아들이도록 한다.

　구성원은 그 문제에 대해 전문가일 필요는 없다. 주제에 관한 충분한 관심과 흥미, 지식을 가지고 청중 앞에서 토론할 수 있는 능력만 지니고 있으면 된다. 필요하면 전문가를 초대하는 것도 한 방법이다. 주제에 대해 사전에 준비된 질문을 사회자가 구성원에게 제기하거나 적당한 경우에 청중의 질문을 허용해 토의에 참가시킴으로써 설명을 구하기도 한다.

　배심 토의는 약 15~45분간 지속되는 것이 보통이며 1인당 2~3분을 넘지 않는 범위 내에서 간결하게 의사를 발표함으로써 다양하고 빈번한 의사 교환이 이루어지도록 해야 한다. 그리고 토의 과정에서 청중이 질문을 할 수 있는 기회를 부여하는 것도 청중과 패널panel 사이의 괴리를 줄일 수 있는 한 가지 방법이다.

배심 토의는 공식적인 발표나 강의를 하지 않고 다소 비공식적인 대화를 중심으로 이루어지므로 논리적이고 체계적인 정보의 제시는 어려울 때가 많다. 따라서 청중에게 지식, 정보의 전달을 목적으로 하는 것이 아닌 주제에 대한 관심이나 동기 유발, 다양한 의견을 수용하고 합리적인 결론으로 도달하는 과정 등을 학습 목적으로 설정해야 한다.

❸ 공개 토의(포럼)

1~2명의 전문가나 자원 인사가 10~20분간 공개적인 연설을 한 다음 사회자의 진행하에 연설자와 청중 사이의 질의응답 과정을 통해 토론하는 형식이다. 즉 '포럼forum'은 다양한 유형의 토론 기법이 활용될 수 있는 토론의 장이라고 할 수 있다.

공식적인 발표를 한 전문가와 질의응답을 함으로써 청중 학습자는 단순히 질문만이 아닌 연설자와의 상호 교류를 통해 논평과 의견 교환이 가능해지며 동시에 동기 유발과 함께 지식을 전달받게 됨으로써 자연스럽게 토론의 장에 동참하게 된다.

사회자는 주제를 소개하고 연설자와 청중 학습자의 질의응답을 주제와 관련한 내용으로 잘 이끌어야 한다. 연설자는 청중의 학습 정도와 필요를 고려해 간결하고 논리 정연한 의견을 발표한다. 청중 학습자 또한 토의가 지적이고 효율적이 되도록 주제에 대해 관심을 갖고 적극적으로 공개 토론 과정에 참여하는 자세가 필요하다. 이처럼 공개식 토론은 강의나 보고처럼 일방적인 의사소통이 아닌 청중의 직접적 참여를 중시한다는 점에서 직접적이고 합리적인 학습 성과를 기대할 수 있다.

④ 단상 토의(심포지엄)

회의장에서 동일한 문제에 대해 2~5명의 해당 분야 전문가가 자신의 지식과 의견을 공식 발표 형태로 제시하고 토론하는 방식이다. 발표자와 청중 간의 의견 교류는 힘들지만 하나의 주제에 대해 다양한 전문 지식과 의견을 얻을 수 있다는 점에서 학습 효과를 기대할 수 있다. 때문에 발표자, 청중 학습자 모두 그 주제에 대해 다양한 자식, 정보, 경험 등을 지니고 있어야 한다는 점이 특징이다.

  그럼에도 불구하고 고정된 내용에 대해 연속적으로 발표가 이루어지므로 발표 내용의 혼동 가능성과 발표자의 시간 초과로 인해 내용이 지루하게 전개되어 청중이 흥미를 잃게 될 가능성이 있다.

∴ 회의

성공적인 회의는 자유로운 토론을 통해 독창적인 아이디어를 많이 얻어내는 것이다. 이때 흔히 사용하는 기법이 '브레인스토밍 기법' 으로, 각 구성원의 '의견 가치' 를 평가하지 않으면서도 가능한 한 많은 아이디어를 생성할 수 있다. 1941년 미국의 한 광고대행사에서 처음 시작된 이 회의 방식은 소집단의 효과를 살리고 끊임없는 아이디어의 연쇄 반응을 불러일으키기에 충분한 회의 방법이다.

그러면 브레인스토밍 기법의 몇 가지 철칙에 대해 알아보자. 우선 제출된 아이디어에 대해 절대 비판을 하지 말아야 한다. 또 타인의 아이디어를 참고해서 자신의 아이디어를 제출해도 무방하다. 이 회의법을 잘 활용하기 위해서는 먼저 부하 직원이나 동료의 의견을 최대한 존중하는 마음을 가져야 한다. 또한 독단적인 의사 결정이나 추진보다는 팀 간의 유기적인 관계하에서 업무를 진행하는 것이 효율적이다. 개인의 독단적인 의사 결정은 자칫 팀 분위기를 폐쇄적으로 유도할 수 있기 때문이다. 개방적이고 활발한 분위기에서 이루어질 수 있는 브레인스토밍 기법은 팀의 창조성을 촉진하기에 좋은 회의 방법이다.

❶ **워크아웃 미팅 끝장내기**
시간과 노력의 낭비 없이 기업 내외부 간의 장벽을 제거할 수 있는

'워크아웃 미팅'은 반짝이는 아이디어와 기업 혁신의 경험을 즉시 제도화할 수 있는 회의법이다. 자유롭고 거침없는 토론 형식으로 이루어지는 '워크아웃 미팅'은 "끝장을 보는 회의"라는 뜻을 지니고 있다.

회의 참석자들이 주제를 선정해 구체적인 개선 대책을 의사 결정권자들에게 제시하면, 개선책 실시 여부를 그 자리에서 결정하는 즉결식 회의 시스템이다. 이것의 목적은 경영 목표 달성을 위한 실천 방안 도출, 조직 구성원 간의 커뮤니케이션 강화, 갈등 해소, 동기부여, 조직 활성화 등에 있다. 실제로 '워크아웃 미팅'은 미국 GE의 잭 웰치 전 회장에 의해 기업 문화 혁신을 위한 수단으로 주창된 바 있다.

한 가지 단점이라면 토론 없이 즉흥적으로 의사 결정이 이루어지다 보니 성과가 제대로 남지 않을 때가 있다는 것이다. 때문에 '워크아웃 미팅'을 회의법으로 채택할 때는 사전에 진행 과정을 짜임새 있게 구축하는 것이 바람직하다. 명확한 주제 선정과 그 틀에 따른 논의가 이루어질 때 성공적인 회의 결과를 이끌어낼 수 있다.

❷ 브레인라이팅 기법

'브레인라이팅 기법'은 많은 구성원으로 이루어진 기업에서 흔히 사용하는 기법으로, 자기주장을 내세우기 꺼리는 사람의 아이디어도 취합할 수 있다는 장점이 있다. 독일에서 개발된 '브레인라이팅 기법'은 침묵 속에서 진행돼 개인 사고의 특징을 최대한 살릴 수 있는 집단 발상법이다.

'브레인라이팅 기법'은 집단의 규모와 상관없이 진행된다. 회의 방법은 우선 대집단을 4~5명으로 이루어진 소집단으로 세분한다. 이렇게 나뉜 소집단은 회의 안건에 대해 적힌 용지를 한 장씩 받고 원탁에 둘러앉는다. 그리고 받아 든 용지의 각 줄에 세 개의 아이디어(그 이상도 무방하다)를 적어, 그 용지를 테이블 위에 갖다 놓고 다른 사람이 갖다 놓은 용지를 다시 집어 온다. 그 뒤에 세 개의 아이디어를 더 적어낸다. 다른 사람의 것에 힌트를 얻은 아이디어는 때때로 더욱 창의적이고 기발할 수도 있다. 회의는 참석자들의 아이디어가 떨어질 때까지 계속되며, 구성원들 모두 원활하게 참여할 수 있다.

❸ 브레인스토밍 기법

브레인스토밍Brain Storming은 오즈번에 의해 1941년 광고의 기발한 아이디어를 얻기 위한 방법으로 연구된 것이다. 기존 구식 회의의 '거절No' 분위기에 의해 사장되는 아이디어를 다시 살려내기 위한 새로운 회의 테크닉으로, 현재 가장 널리 알려진 집단적 사고의 전형적인 형태이다. '두뇌 폭풍'이라는 말뜻 그대로 특정한 주제 또는 문제에 대해 두뇌에서 폭풍이 휘몰아치듯이 생각나는 아이디어를 밖으로 내놓는 것이다.

이 기법은 현재 여러 기업체에서 가장 많이 사용하는 아이디어 발상법이다. 브레인스토밍 회의는 회의의 부정적인 면을 없애고 회의를 즐겁고 말을 꺼내기 쉬운 분위기로 만들어 회원들이 내놓은 아이디어를 비판 없이 수용하는 회의다.

물론 그 아이디어는 문제 해결의 실마리가 되고, 뒤에 평가하거나 손을 쓸 수 있다. 판단을 미룬다는 원칙이 엄격히 지켜지지 않으면, 어떤 것도 브레인스토밍 회의라고 할 수 없다. 브레인스토밍을 그룹이 하는 완전한 문제 해결 과정이라고 오해하는 경향이 많다. 이것은 아이디어 발상의 몇몇 단계 중 하나에 불과하다. 브레인스토밍을 적절하게 행하면 일반 회의에 비해 단시간에 많은 명안을 내놓을 수 있다는 점에서 가치가 있다.

진행 순서는 문제의 확인 → 집단의 구성 → 문제의 제시 → 진행 → 정리로 이루어진다.

① 브레인스토밍의 목적

첫째, 짧은 시간 내에 많은 양의 아이디어를 얻고 둘째, 판단과 비판을 유보함으로써 창의성의 장애를 극복하는 것이다. 인구가 많은 나라에서 뛰어난 운동가라든가 과학자가 나올 확률이 높듯이 많은 양의 아이디어에서 뛰어난 아이디어가 나올 확률도 높은 법이다.

② 브레인스토밍의 효과

그룹 브레인스토밍이 매우 생산적인 이유는 몇 가지가 있다. 구성원의 한 사람이 한 가지 아이디어를 착상하면 곧장 자동적으로 다른 아이디어를 향해 상상을 작용한다. 동시에 그의 아이디어는 다른 사람에게 영감 또는 자극을 주어 아이디어가 불어나기 시작한다. 이 현상을 연쇄 반응이라고 하는 사람도 있다. 어떤 이는 경쟁심을 자극하기 때문이라고도 한다.

③ 브레인스토밍의 원칙

회의에 들어가기 전에 먼저 모든 출석자가 다음 네 가지 규칙을 지키지 않으면 효과가 없다.

첫째, 비판을 하지 않는다. 나온 아이디어에 대한 반대는 회의가 끝날 때까지 보류해야 한다.
둘째, 자유분방해지도록 권장한다. 아이디어는 자유분방할수록 좋다. 생각해내기는 힘들지만 트집을 잡기는 쉽다.
셋째, 양을 추구한다. 아이디어의 수가 많을수록 좋은 아이디어가 나올 가능성도 많아진다.
넷째, 결합과 개선을 추구한다. 참석자는 자신의 아이디어를 내놓음과 동시에 다른 사람의 아이디어를 더 좋은 것으로 바꾸려면

어떻게 해야 하는가, 또는 두세 가지 아이디어를 또 다른 아이디어로 종합하려면 어떻게 해야 하는가를 생각해야 한다.

④ 브레인스토밍의 장점

첫째, 개인의 생각이 존중되므로 창의적인 생각을 더욱 발전시킬 수 있다.

둘째, 단시간에 극대의 효과를 낼 수 있다.

셋째, 아이디어의 생산성이 향상된다. 이는 광범위하고 다양한 아이디어, 제안, 가능성을 이끌어낼 수 있으며, 토의가 흥미를 유발시켜 활성화되고 독창적인 아이디어가 많이 표출될 수 있다.

넷째, 토론하면서 차례 지키기, 의논하여 문제 해결하기 등 상호 작용을 통한 협동적인 학습을 할 수 있다.

다섯째, 표현 능력, 추론 능력을 키울 수 있으며, 기본적인 학문적 기능(높은 학습 참여도)을 습득할 수 있다.

여섯째, 활용하기가 용이하며, 아동의 상담 등에도 적용 가능하다. 비용이 저렴하다.

일곱째, 어떤 문제든 토론의 대상으로 삼을 수 있으며, 특별한 지적 성취 없이 토론에 참여 가능하다.

⑤ 브레인스토밍의 단점

첫째, 비판을 보류하므로 의견에 대한 빠른 피드백을 받을 수 없다.

둘째, 최종 아이디어를 결정함에 있어 구성원이 모두 동등한 입장이므로 어려움이 있다. 또는 특정인이 결정할 경우에는 주관적인 의지나 성향이 개입되어 브레인스토밍 본래의 의미를 퇴색시킬 수 있다.

셋째, 아이디어의 양이 많으면 독창적인 아이디어가 나올 확률은 높지만 반드시 나오는 것은 아니다.

⑥ 브레인스토밍 장소

참석자가 브레인스토밍을 가볍게 할 수 있는 장소를 찾아야 한다. 누구나 편안하게 느낄 수 있는 곳이어야 한다. 회의 전 가벼운 음악을 틀어주는 것도 효과적이다. 때로는 회사에서 완전히 떠난 상태, 즉 카페나 호텔, 클럽에서 하면 더 좋은 결과가 나올 수도 있다.

⑦ 브레인스토밍의 진행 방법

먼저 주제를 정한다. 그것이 회사 내의 문제점이라든지 신제품에 대한 의견이나 불편한 점의 개선이라든지 아니면 그런 목적이 없는 어떤 주제여도 상관없다. 다만 한 회의에 하나의 주제여야 한다. 그리고 문제는 구체적인 것이 좋다. 그래야 문제가 명확해져서 아이디어를 내놓기가 쉽다. 구체적인 것을 본보기로 내놓을 필요가 있다. 만약 포장 문제가 화제에 올라 있다고 한다면 제품과 포장 재료를 눈으로 보고, 손으로 만지고, 구부려보거나 잘라볼 수 있게 한다.

가장 강한 금구 리스트를 작성해 참석자들이 숙지하도록 한다. 다음에 나오는 말은 아이디어를 내는 사람을 의기소침하게 만드는 말로서 브레인스토밍 회의뿐만 아니라 다른 회의에서도 금지되어야 한다.

"지금까지 우리는 그런 방법으로 한 일이 없으니까……."
"그것은 실천으로 옮길 수 없으니까……."
"논리적으로 타당성이 없는데 그것을 행동으로 옮길 수 있을까?"
"우리 회사의 규정으로는 그것을 할 수 없다."
"회사의 운명을 좌우하므로 가볍게 다룰 수 없다."

다음은 스스로 자신의 아이디어를 억압하는 말이다.
"이 방법은 조금 빗나갔지만……."
"이것이 필요한지 어떤지는 분명치 않지만……."
"당신은 아마 웃겠지만……."
"내 의견은 별로 가치 있는 것은 아니지만……."
"이것은 내 전문 분야는 아니지만……."

그 다음 회원들이 자유롭게 주제에 대한 의견과 아이디어를 제시하도록 한다. 되도록 간단명료해야 짧은 시간에 여러 회원이 많은 이야기를 할 수 있다. 한 회원이 너무 말을 많이 하지 않게 리더가 이끌어야 하고 아니면 벨을 울려서 조심스럽게 이야기를 중단시킨다. 만약 회의가 일시 중단되어 침묵이 흐를 경우를 대비해 리더가 회의 시작 전에 연쇄적으로 의견이 나올 수 있을 만한 아이디어를 가지고 있을 필요가 있다. 또는 잠시 회의를 중단해 분위기를 띄우는 음악을 듣는다든지, 의제에 관련된 흥미를 유발하는 이야기를 한다든지, 참석자들끼리 자유롭게 대화하도록 함으로써 분위기를 쇄신한 다음에 회의를 이어간다.

⑧ 제안된 아이디어의 처리 방법

회의가 다 끝나면 그 아이디어를 가지고 문제 해결 방안을 찾아야 한다. 이제부터 중요한 것은 판단이다. 정확한 판단을 해야 좋은 해결 방안이 선정될 수 있다. 그리고 판단을 하기 전에 아이디어 목록을 잘 정리하고 각 항목 사이에 여백을 둔 다음 모든 참석자에게 돌려서 아이디어가 떠오르거나 보충할 것이 있으면 적으라고 한다.

보통 참석자들은 회의가 끝난 뒤 며칠 동안 그 의제에 대해 생각하며 더 좋은 아이디어를 떠올릴 수 있다. 아이디어의 최종 선택은 보통 그 문제에 직접적인 책임이 있는 사람들이 평가하는 것이 좋다. 그리고 어떠한 경우에도 아이디어가 어떻게 처리되었는지 참석자에게 모두 알려야 한다.

④ 효과적인 회의 방법
① 회의가 왜 중요한지 파악해야 한다. 회의 진행자는 회의 참석자들이 수동적으로 참여하기보다 적극적으로 참여할 수 있도록 사전에 회의 자료를 배포하는 것이 좋다. 회의에 참고할 수 있는 내용물을 사전에 제시하자.
② 회의는 가능한 한 오전에 한다. 많은 회의론에서 공통되는 견해 중 하나가 의사 결정을 위한 회의는 아침에 하는 것이 좋다는 것이다. 오후 시간에 회의가 진행될 때는 회의 중 커피 타임이나 잠깐의 휴식 시간을 갖는 것이 좋다.
③ 회의 시간 관리자를 임명한다. 구성원이 모두 참석하지 못해 회의 시작 시간이 늦어진다거나 회의가 너무 길어지면 참석자들이 쉽게 지칠 수 있다. 좀 더 신선한 아이디어를 발휘할 수 있도록 의제마다 제한 시간을 두고 진행하는 것이 좋다. 또한 회의 시간이 되면 바로 회의를 시작하는 것도 중요한 회의 시간 관리법이다.
④ 아이디어 회의는 약간의 술과 함께, 친숙한 분위기에서 주제를 정하고 거기에 따라 구성원들이 자연스럽게 자신의 생각을 말할 수 있도록 한다. 약간의 알코올은 두뇌에 자극을 주기 때문에 예

상치 못한 좋은 아이디어를 얻어낼 수 있다.
⑤ 회의 분위기를 최대한 편안하게 조성한다. 회의 참석자들로부터 자유분방한 의사를 도출해내기 위해서는 참석자들이 자유롭게 발언할 수 있도록 회의 분위기를 최대한 편안하게 만들어주는 것이 좋다. 우리 두뇌는 편안한 상태일 때 최상의 아이디어를 낼 수 있기 때문이다.

인터뷰

효과적인 인터뷰 방법에 대해 알아보겠다.

❶ 첫인상이 중요하다.
우선 청결한 복장, 바른 자세로 침착하게 임해라. 건강하고 신선한 이미지를 주어야 하기 때문이다. 간단한 일이지만 이것이 첫인상에 큰 몫을 차지한다.

❷ 두세 번의 심호흡을 해라.
시험에 임하면 긴장하지 않는 사람이 없다. 때문에 긴장을 느끼더라도 상관없다. 조용히 두세 번 심호흡을 한 다음 질문을 기다려라. 첫 번째 인터뷰에 당황하지 말고 약간 간격을 두고 대답하면 마음이 안

정된다.

❸ 결론부터 이야기해라.

자신의 의사나 생각을 상대에게 정확하게 전달하기 위해서는 먼저 무엇을 말하고자 하는가를 명확히 결정해두어야 한다. 대답을 할 경우에는 결론을 먼저 이야기하고 나서 그에 따르는 설명과 이유를 나중에 덧붙이면 논지가 명확해지고 이야기가 깔끔하게 정리된다.

❹ 질문의 요지를 파악해라.

간결성만으로는 부족하다. 진행자의 질문이나 이야기에 대해 적절하고 필요한 대답을 하지 않으면 대화는 끊어지고 자신의 생각도 제대로 표현하지 못해 어색한 분위기를 연출하게 된다. 무엇을 묻고 있는지, 무슨 이야기를 하고 있는지 그 요점을 정확히 알아내야 한다. 질문의 요지를 파악할 수 없을 때는 주저하지 말고 "지금의 질문은 이러한 의미입니까?"라고 물어보아 의미를 이해한 다음에 대답해야 한다.

❺ 3분 이내에 이야기를 마쳐라.

한 가지 사실을 이야기하거나 설명하는 데는 3분이면 충분하다. 복잡한 이야기라도 어느 정도의 길이로 요약해서 이야기하면 상대도 이해하기 쉽고 자신의 생각도 정리할 수 있다. 긴 이야기는 오히려 상대를 불쾌하게 할 수 있다.

❻ 말끝을 분명히 해라.

말끝이 사라져버리는 대화는 다른 사람에게 안 좋은 인상을 준다. 또한 입속에서 중얼중얼하다가 언짢은 것처럼 이야기하는 사람도 의외로 많다. 그러나 이것은 절대 금물이다. 산뜻한 인상을 주는 화법을 연습하자.

❼ 명확하고 바른 자세로 전달해라.

상대의 눈을 보며 적당한 톤과 스피드로 성의를 갖고 진지하게 이야기하면 상대에게 호감을 준다. 상대의 이야기에 "예", "그렇습니까?", "저는 이렇게 생각합니다" 등으로 자신의 생각이나 감상을 명확하게 전달하면 대화가 부드럽게 전개되며 상대의 공감도 얻을 수 있다.

❽ 자신의 언어로 이야기해라.

명확하게 이해하지 못하는 말을 무리하게 사용한다든가 유행어를 함부로 사용한다든가 하면 경박하게 보일 수 있다. 또한 너무 훌륭하게 표현하려다가 자신의 이야기에 도취되어 흥분하는 수도 있다. 지나치게 어렵거나 경박한 용어를 사용하는 일 없이 평소 자신의 언어를 조리 있게 구사하는 것이 좋다.

❾ 올바른 경어를 사용해라.
경어를 사용하는 법은 쉬운 것 같지만 실제로는 그렇지 않다. 경어는 시간, 장소, 지위 등의 환경이나 조건에 따라 구분해 쓰는 것이 중요하다. 특히 존대어와 겸양어는 혼동하기 쉬우므로 조심해야 한다.

❿ 자신의 스타일로 이야기해라.
이야기에 능한 사람은 자신의 스타일을 터득하고 있다. 누구에게든지 자신에게 맞는 방법이 있게 마련이다. 이를 연구해 상대에게 호감을 줄 수 있는 방법을 연습해봐라. 같은 내용의 이야기라도 상대의 입장이나 생각을 고려하면서 이해하기 쉽게 이야기하는 습관을 길러두는 것이 좋다.

⓫ 자신 있는 부분에 승부를 걸어라.
모든 운동경기에서 자기가 자신 있는 분야에 상대를 끌어들이는 선수가 승리자가 된다. 면접시험에서도 자기가 자신 없는 분야에 승부를 건다면 이는 백전백패일 수밖에 없다. 질의응답 중 자기가 자신 있는 분야로 이야기를 끌고 가는 노력이 필요하다. 이야기가 자신 있는 분야로 오면 기회를 놓치지 않아야 한다. 자신 있는 이야기는 설득력이 있다.

인터뷰할 때 주의 사항

① 신기한 듯한 태도를 보이지 말 것. 방송실에 들어서면 아무래도 당신은 주목을 받게 된다. 이곳저곳 신기한 듯 두리번거리는 태도를 보이는 것은 금물이다. 풀어진 모습보다는 다소 긴장된 기색을 가진 단정한 모습이 호감을 줄 수 있다.
② 여유 없이 행동하지 말 것.
③ 다리를 떠는 따위의 버릇을 보이지 말 것. 대개 사람들은 긴장을 하면 가만히 못 있는다. 마구 손을 비비거나 머리를 만지거나 하는데 이것은 면접관에게 불쾌감을 주게 된다. 심한 경우가 다리를 떠는 것인데 이런 버릇이 있다면 미리 교정하도록 한다.
④ 숙달된 태도를 보이지 말 것. 이미 경험한 적이 있어 익숙해져 있는 것은 좋지만 그것을 과시하는 행동은 좋지 않다.
⑤ 지나치게 유창하게 말하지 말 것. 간혹 청산유수같이 이야기하는 사람이 있는데 이것은 생각해볼 일이다. 너무 말을 잘하면 아무래도 듣는 사람으로선 무시당한 기분이 들어 독선적인 인상마저 든다. 가능한 한 느긋하면서 간결한 말씨를 사용해 유창하지는 않지만 풋풋한 인상을 심어줘라.
⑥ 은어나 유행어는 사용하지 말 것.
⑦ 감정을 얼굴에 드러내지 말 것. 진행자가 심술궂은 질문을 던질 수도 있다. 이런 때 감정을 표정에 담으면 안 된다. 아무리 곤혹스러운 질문을 받게 되더라도 느긋한 표정과 어조로 냉정하게 대처한다.
⑧ 지나치게 정직하지 말 것. 있는 그대로 자신의 모습을 보이라고 해서 굳이 결점을 하나에서 열까지 열거할 필요는 없다. 자신의 장점과 단점을 객관적으로 가려내 단점을 이야기하면서도 장점을 끝까지 살려 내세우는 것이 필요하다. 방송은 자신을 PR할 수 있는 최고의 장소이다.

❷ 모든 질문에 대해 적극적으로 답해라.

소극적인 자세는 면접 시 절대 금기 사항이다. 적극적으로 질문에 답해야 하며, 그렇게 하기 위해서는 주제에 대한 사전 준비가 필요하다. 싫은 질문을 받더라도 차분히 대답하는 것이 좋다. 또한 사소한 질문이라 생각되는 경우에도 성의껏 답해야 한다. 최후의 순간까지 최선을 다해라.

언론 홍보

❶ 프레스키트의 제작

전반적인 계획이 수립되었으면 '프레스키트 Press Kit'를 만들어야 한다. 프레스키트란 언론의 초점의 대상이 되는 사람이나 사건의 모든 것을 담아 언론기관에 배포함으로써 취재의 편의를 돕는 자료집인데, 대체로 대상이 인물인 경우에는 공식 사진과 2, 3개의 포즈 사진(무광택 인화지 사진 및 35mm 슬라이드), 충분한 이력이 포함된 소개서, 각종 홍보 자료 등이 포함된다.

❷ 보도자료 작성

인물이나 사건에 언론의 취재 경쟁이 있을 경우 프레스키트나 보도자료를 통해 능동적으로 PR에 임해야 한다.

보도자료는 언론기관에 보도되게 하기 위한 목적으로 작성된다. 따라서 시의성時宜性 및 뉴스로서의 가치가 있어야 한다. 또 근거가 확실한 자료일 때만 언론에서 취급한다. 언론의 오보에 대응하는 방법으로 사용되기도 한다.

③ 기자회견

언론사에서 보도 가치, 즉 뉴스 가치가 있다고 판단할 만한 정보를 밝히고자 할 때에 기자회견을 통한 홍보를 할 수 있다. 엄격히 따져서

보도자료를 작성할 때 주의할 점

- 짤막한 단락과 간단한 문장으로 써야 한다.
- 보도의 6하원칙(5W 1H)이 빠짐없이 들어 있어야 한다.
- 양이 너무 많은 것은 좋지 않다. 보통 3쪽 분량이면 충분하다.(보도자료의 양이 많을 경우, 반드시 요약문을 서두에 기록해 한눈에 전체의 내용을 파악할 수 있게 해주는 것이 좋다.
- 배포 날짜와 희망 보도 일시를 명시해두는 것이 좋다.
- 추후 연락이 가능하도록 말미에 홍보 담당자의 이름과 전화번호를 명시한다.
- 자료 상단에 일련번호와 '보도자료'라는 것을 명시한다.
- 언론과의 약속은 무조건 지켜야 한다.
- 언론기관의 마감 시간을 고려해 적절히 배포한다.

기자회견은 대언론 홍보를 위한 것은 아니지만 기자를 상대로 하는 일이기 때문에 여기에서 언급하고자 한다.

일반적으로 기자회견이라고 하면 대통령의 연두 회견처럼 한 기관장이나 인사가 다수 기자를 상대로 하는 회의 방식의 회견을 뜻한다. 이러한 회견을 미국의 언론 용어로는 프레스 컨퍼런스 press conference 라고 한다. 반면에 한 기관장이나 인사가 한 사람 또는 몇 명의 기자를 상대로 하는 1 대 1 또는 1 대 소수의 기자회견을 인터뷰라고 한다. 단독 회견일 때는 주로 인터뷰라고 한다.

① 언제 무대에 나가고, 상대방과 악수는 어떻게 할지 결정해야 한다. 이는 무대에서의 주도권과 토론의 어조에 큰 영향을 미친다.
② 시선을 어디에 두느냐는 한 사람이 표출할 수 있는 중요한 이미지 중 하나다.
③ 대답을 할 때는 항상 인터뷰어의 눈을 들여다본다. 마이크에 잘 받도록 가능한 한 저음으로 이야기한다.
④ 아주 중요한 점을 강조할 때 외에는 카메라를 직시해서는 안 된다.
⑤ 자신이 시청자에게 보여주는 것을 카메라가 정확히 잡아야 할 때는 모니터를 본다.
⑥ 패널로 나갔을 때는 다른 패널의 눈을 쳐다본다. 시선을 옮길 때

는 한쪽에서 다른 쪽으로 서서히 옮긴다.
⑦ 카메라와 음향 기기가 항상 켜 있다고 생각하고 말과 행동을 조심한다.
⑧ 의상은 인물의 매력을 나타내는 중요한 요소다. 인물의 이미지와 토론 내용에 따라 변화를 주어야 한다.
⑨ 대중은 자신감 넘치고 친근감 있어 보이는 사람에게 호감을 느낀다. 반면에 지나치게 진지하거나 겸손한 모습은 시청자에게 자신감이 부족한 것으로 비칠 수도 있다. 또한 웃음이나 인상, 제스처 등은 사람의 이미지를 결정하는 중요한 요소이다.
⑩ 모니터 스크린을 보는 것, 다른 사람이 이야기할 때 딴 곳을 쳐다보는 것, 시선을 이리저리 돌리는 것 등은 절대 금물이다.
⑪ 카메라 앞에 앉을 때는 두 발을 바닥에 붙이고 아래 등뼈가 의자 뒤에 닿도록 똑바로 앉는다. 다리를 꼬고 앉거나 흔드는 것은 금물이다.

❹ 대언론 관계를 위한 기본 원칙

신문, 방송 등의 보도 책임자 및 보도 기자, 카메라 기자들과 밀접한 관계를 유지하는 것이 사실상 유리한 고지를 선점하는 길이 된다. 이들과 좋은 유대 관계를 유지함에 있어 특히 염두에 두어야 할 점은 다음과 같다.

① 먼저 방문 인사해라.
② 허심탄회하게 대화할 수 있는 자리를 마련해라.
③ 서로 협조적이며 정직하되, 환심을 사려고 지나치게 애쓰지는 마라.
④ 약속을 꼭 이행해라. 특히 자료 약속을 꼭 이행해라.
⑤ 일단 보도된 기사에 대해 시시비비하지 마라.
⑥ 기사를 취재한 기자의 상관에게 항의 또는 압력을 넣는 것은 금물이다.
⑦ 모든 기자를 공평하게 대해라.
⑧ 취재에 적극 협조하고 진심으로 감사해라.
⑨ 기자들의 관심과 흥미 있는 기삿거리를 제공하는 것도 좋다.

04 강의의 실제

● ● ●

얼마 전 한 강의실에서 참석자들 간에 자기소개를 한 적이 있었다. 한 사람이 자신의 생각을 말한다면서 솔직히 말해 모든 교육에서 변하라고 하는데 지금껏 교육을 받았어도 자기는 하나도 변한 것이 없다고 말했다. 순간 강의실에는 썰렁한 기운이 감돌았다.

교육의 현장에서 참가자는 무엇을 경험하고 얻어 갈 것인가를 주로 생각할 것이며, 교육을 진행하는 입장에서는 어떤 교육 상황을 만들어 나갈 것인가가 주된 문제이다. 강사가 말하고 참석자는 듣고 시간 되는 대로 하면 될 것이 아닌가 하고 생각하면 간단하나, 보다 효과적인 교육을 생각한다면 현장의 복합적인 모습을 들여다보아야 한다.

변화와 혁신을 주제로 강의를 시작할 때 참석자들의 느낌을 들어보면 많은 사람이 무감각, 귀찮음, 싫증이라는 생각을 가지고 있으며 긴장되고 관심 있고 기대된다는 생각을 가진 이는 거의 없다. 왜 그럴까? 마음의 방패가 너무 단단해 웬만한 창으로는 도저히 뚫고 들어갈 수가 없는 것이다. 이론으로 아무리 강조해도 이 방패는 쉽게 거두어들이지 않는다. 잭 웰치는 변화는 사람들이 쉽게 좋아하지 않는 것이라고 말했다.

바위의 틈새로 물이 들어가 얼고 녹는 과정을 반복하면서 거대한 바위가 갈라지듯이 변화를 성공적으로 이루어내려면 마음속으로 헤집고 들어가야 한다. 마음을 열지 않은 상태에서는 헤집고 들어갈 수 없기 때문에 마음을 열 수 있도록 하는 것이 필요하다. 대문 열듯이 활짝 열기는 어렵더라도 최소한 교육의 장에 흥미와 관심을 일으킬 수 있는 수준은 넘어서야 한다.

어떤 영역의 지식이건 세 가지 방식으로 표현 할 수 있다. 즉 어떤 결과를 얻기 위해 동작으로 하는 동작적 표현, 어떤 개념의 정의를 도상으로 대신하는 도상적이고 감성적인 표현, 그리고 어떤 이론과 법칙에 따르는 논리적이고 상징적인 표현이다.

세 가지 표현 방식은 주제와 구성원과 소속 조직에 적당한 것을 써야 한다. 논리적이고 상징적인 표현이 가장 유력하기는 하지만 다짜고짜 이것으로 표현해 변화 관리를 다루려고 하는 것은 무리이며 효과가 떨어진다. 사람들은 자신이 살아온 인생이 소중하기 때문에 자신의 경험에 높은 가치를 부여하며 자신이 속해 있는 조직 사회의 문화를 귀중히 여긴다. 변화와 혁신의 교육 상황을 에워싸고 있는 요인과 조건이 매우 복잡하므로 일반적이고 일방적인 논리 표현 위주의 변화 관리 교육은 기대 효과를 거두기가 어렵다.

가르침의 방법에는 크게 두 가지가 있다. 섭수攝受(攝取客受의 준말)와 절복折伏(折破催伏의 준말)이 바로 그것이다. 섭수라고 할 때의 '기록할 섭' 자는 기록한다는 뜻 이외에 끌어 잡다, 거두다, 몰아 잡다, 기르다라는 뜻도 있다. 포섭한다는 말에서 보듯이 받아들여서 거두어 기르는 것, 부드럽게 참으며 단계적으로 가르치는 것이 섭수이다. 또한 자비로운 마음으로 두둔하고 보호하는 것도 섭수라고 한다. 선량하고 양순한 사람이라면 섭수의 방법이 좋지만, 반항적이고 고집이 센 사람에게는 관용과 사랑만으로는 통하지 않는 때가 있다. 이럴 때 심한 질책을 하거나 모욕을 주거나 후려치거나 꿇어 엎드리게 하는 방법을 절복이라고 한다.

이처럼 반발심이나 거역하는 마음을 일으켜 스스로 깨닫게 하는 것을 통칭해 역화逆化라고 한다. 분한 마음을 일으키는 것이다. 굴욕감이나 열등감이 오히려 분발하게 하는 것이다. 역화의 방법은 상대에게 쇼크를 주어 "당신이 뭐야, 어디 두고 보자. 나도 할 수 있단 말이다" 하는 반발심이 생기도록 하는 충격요법이라고 할 수 있다.

어떤 방법이 좋은지는 때와 장소에 따라, 특히 상대가 어떤 사람이

냐에 따라 다르다. 말에게만 당근과 채찍이 필요한 것이 아니라 가정이나 사회에도 당근과 채찍이 필요하다. 어떤 사람은 자기 스스로를 다스릴 때에도 당근과 채찍을 번갈아 준다고 한다. 때론 채찍과 같은 말, 반발심을 자극하는 말이 필요하기도 하다.

학생에게 체벌을 금지하자 학부형들이 회초리 보내기 운동을 한 적도 있지만, 스피치에도 극단적인 쇼크 화법을 사용할 필요를 느낄 때가 있다. 그러나 자주 사용하는 것은 절대 금물이니 신중히 고려해야 한다. 마지막 수단으로 사용하는 화법이니만치 신중에 신중을 기해야 할 화법임을 잊지 마라.

훌륭한 강의를 하기 위해서는 충분한 시간을 가지고 준비를 해야 한다. 60분간의 발표를 위해 몇 달 전부터 자료 수집을 하거나 몇 주일 전부터 내용을 구상하는 등 철저한 준비를 할 때 훌륭한 강의가 될 수 있다.

강의의 시작

❶ 청중의 관심을 집중시킨다.

프레젠테이션을 하기 위해 프레젠터가 청중 앞에 섰을 때 프레젠터는 청중의 관심과 주의를 자기 자신에게로 집중시켜야 한다. 아무리 철저하게 내용과 시각 자료를 준비했어도, 준비된 내용을 제대로 전달

하지 못한다면 애쓰고 준비한 보람이 없게 된다. 특히 시작하고 나서 몇 분이 매우 중요하다.

우리가 영화관에서 영화를 볼 때 서서히 불이 꺼지고 예고편에 이어 음악과 함께 펼쳐지는 화면이 시작될 때면 어느 누구도 옆에 앉은 사람과 이야기하거나 딴 짓을 하지 않는다. 이러한 집중, 모든 사람이 화면에 몰입하는 이러한 상태, 바로 이러한 집중과 관심을 프레젠터는 원한다.

영화에서 첫 화면이 대사 없이 장면과 음악 또는 음향효과로 전개된다는 사실에 우리는 주목해야 한다. 그것은 바로 시각적인 것, 보여지는 것과 보여주는 것이다. 흔히 강의를 듣기만 하는 것으로 생각하기 쉽지만, 사실 강의란 보고 듣는 것이다. 따라서 흥미로운 것, 관심을 끌 수 있는 것을 보여주어야 한다.

모습으로 메시지의 반 이상이 전달되고, 3분의 1 이상이 음성에서 전달되며, 그리고 언어로 전달되는 메시지는 7%에 불과하다. 따라서 사회자의 소개가 끝난 후 연단에 등단하는 순간부터, 청중은 영화가 시작된 순간과 같이 숨을 죽이고 프레젠터의 일거수일투족을 관찰한다고 보아야 한다.

프레젠터는 강의를 할 때 청중의 역할 모델이 되어야 하기에 행동, 몸가짐, 태도에 유의해야 한다. 단정한 복장과 정돈된 원고, 그리고 당당한 자세와 표정으로 청중에게 어필해야 한다.

프레젠터는 강의를 시작하기 전에 청중을 바라보는 것은 다이빙 선수가 다이빙할 때와 같다고 생각해야 한다. 다이빙 선수는 다이빙 보드에 올라서자마자 금방 물속으로 뛰어들지 않는다. 신중하게 자세를 갖추고 심호흡을 하고 시선을 집중한 뒤에 준비가 되었다고 생각될 때 다이빙 보드에서 뛰어내린다. 마찬가지로 프레젠터는 여유를 가지고 자신 있게 걸어나가 연단에 선 후, 신중하게 청중을 쭉 둘러본 다음 물속으로 뛰어들듯 청중 속으로 뛰어들어 프레젠테이션을 시작하는 것이 바람직하다.

프레젠터가 청중을 전혀 쳐다보지 않고 강의를 시작한다는 것은 "듣거나 말거나 나는 내가 하고자 하는 말만 하겠다"라는 인상을 줄 수 있으며 이런 식으로 시작한 강의는 청중의 관심과 집중을 끌기 힘들다. 그리고 강의를 할 기회를 준 것에 감사한 마음으로 임해야 한다. 마지못해 하게 된 강의일지라도 시작할 때에 기회를 준 것에 대해 주최측과 청중에게 감사하다는 말을 해야 한다. 그러나 감사의 말이 너무 길면 아부하는 것처럼 받아들여질 수도 있으므로 감사의 말은 간단하게 하는 것이 좋다.

사람이란 누구나 어떤 상황에서든 주목받고 싶어한다. 주목받지 못하면 흥미도 적어진다. 아이 컨택트는 강의만이 아니라 대인 스피치에서도 중요한 의미를 갖는다. 청중에게 시선을 주지 않으면 무시되고 있다, 차별받고 있다, 뭔가 숨기는 것이 있다는 등의 인상을 주게 되므로 주의가 필요하다.

　강의에서의 아이 컨택트는 반드시 보답받는다. 청중 한 사람 한 사람과 눈을 맞추면서 이야기하면 청중은 흥미를 가지고 열심히 들어준다. 당신이 청중으로부터 눈을 떼면 청중은 꾸벅꾸벅 졸거나 창밖을 보거나 한눈을 팔거나 쓸데없이 낙서를 한다. 그러나 청중 전체에게 아이 컨택트를 한다는 것은 매우 어려운 일이다.

❷ **인사말은 간단하게 한다.**
정확한 인사말이나 중언부언의 자기소개는 금물이다. 이미 사회자의 소개가 있었을 것이므로 그것으로 족하다. 특별히 자기를 소개할 말이 있다면 강의 도중에 강의 내용과 자연스럽게 연결해 말하는 것이 좋다.

　강의는 서론 부분에서 서서히 분위기를 잡아가면서 진행하는 게 원칙이다. 그러나 강의를 시작할 때 아예 인사말을 생략하고 강의 본론으로 들어감으로써 청중에게 일종의 쇼크를 주고 긴장감을 불러일으켜 주의를 집중케 하는 동시에 프레젠터의 자신만만함을 과시하는 것도 때때로 활용해봄 직한 강의 시작의 한 요령이다.

❸ **사전에 청중과 이야기하며 긴장을 푼다.**
강의를 시작하기 전에 여건이 주어진다면 청중과 이야기를 나누어본

다. 그러면서 청중 분석의 마무리를 한다. 그렇게 하면 충분히 긴장을 풀 수 있다.

❹ 적당한 긴장감은 원동력이 될 수 있다.
기다리면서 성공 이미지를 머릿속에 그려본다. 자신이 강의에 성공한 모습을 머릿속에 떠올려 보는 것이다. 이때 적당한 긴장감은 강의의 원동력이 된다. 사회자가 프레젠터를 소개하면 당당하게 미소를 지으면서 등장한다.

❺ 서서히 이야기를 시작한다.
보통 사회자의 소개 후 청중 앞에 나가면 무슨 이유인지 급하게 일어나 급히 걸으며 빨리 세팅하고 조급하게 이야기를 시작한다. 그러나 좀 더 여유를 갖고 세팅을 마친 후 사회자와 눈인사를 한 후 "○○ 씨, 소개해주셔서 감사합니다"라고 소개에 대한 예의를 확실히 갖춘 후 천천히 출발하도록 하자.

❻ 한 번 호흡하고 인사말을 한다.
사회자에 대한 예를 갖추고 나서 바로 청중에 대한 인사로 들어가서는 안 된다. 어떤 사람들이 참석하고 있는지 청중을 천천히 둘러보자. 그리고 한 번 호흡을 하고 난 다음 청중에게 인사한다. 이 한 번의 호

흡이 중요하다. 이 간격이 청중과의 승부다. 인사가 끝나면 자기소개를 한다.

❼ 보통 때보다 천천히 말한다.
보통 사람들은 청중 앞에 서면 말을 빨리 한다. 긴장하고 있기 때문에 말이 빨라지고 말을 빨리 하니까 긴장하게 된다. 이 악순환에 빠진 사람은 5분 동안 강의를 하면 입안의 침이 마르고 숨이 가빠서 강의가 흔들려버린다.

빠른 속도로 말을 하면 발음이 혼란스러워 알아듣기 곤란하며 여유가 없어진다. 잘못하면 의도하지 않은 청중의 실소를 자아낼 수도 있다. 발음이나 한자에 자신이 없을 때에는 반드시 사전에서 확인한다. 그러지 않으면 당신의 교양에 문제가 된다. 따라서 강의에서는 평상시보다 기분상 조금 천천히 말하는 것이 좋다. 의식적으로 천천히 말하는 만큼 당신의 화법은 달라 보인다. 모든 동작을 천천히 하면 잘못될 일은 없다.

∴ **강의의 전개**

청중 앞에 서면 노련한 프레젠터도 마음이 흥분되게 마련이다. 떨리기도 할 것이지만 이를 당연한 것으로 받아들이면 그만이다. 천천히 좌중을 살펴보아야 한다. 결코 겁내거나 서두를 필요가 없다. 눈에 띄는 사람이 있다면 그 사람과 직접 시선을 맞추어도 본다. 일부러라도 씽긋 웃어봐라. 그리고 서서히 이야기를 시작하면 된다.

① 청중의 궁금증을 해소시켜주어야 하며
② 청중과 하나가 되어야 하며
③ 청중으로 하여금 동참하게 해야 하며
④ 청중이 적응할 수 있도록 안내해주어야 한다.

❶ **목소리를 낮춰라.**

우리나라 사람은 10명 중 3~4명이 보통 사람보다 목소리가 크며, 1명 정도는 목소리가 너무 작은 것으로 조사되었다. 프레젠터는 자신의 목소리 성향을 잘 파악하고 청중의 규모에 맞춰 목소리의 크기를 알맞게 조절할 줄 알아야 한다.

 강의 시작은 낮은 목소리로 해라. 시간이 지남에 따라 목소리가 점점 커지는 게 일반적인 프레젠터의 습성이다. 그러므로 첫 발성부터 큰 소리를 낼 경우 점점 상승작용을 일으켜 나중에는 악을 쓰게 되는 상황까지 생길 수 있다. 그렇게 되면 청중의 반응이 나빠지고, 반응이 좋지 않으니 프레젠터는 그 답답함을 더욱 큰 소리를 냄으로써 커버하려 하게 된다. 이것이 강의에 있어서 경계해야 할 '고성의 악순환'

이다.

　또 자신의 목소리가 좋지 않다고 해서 청중 앞에서 부자연스럽고 어색함이 드러날 정도로 목소리를 바꾸어 내는 사람이 있는데, 그건 곤란하다. 평상시의 목소리를 조금 가다듬어서 발성한다는 기분으로 말하면 된다.

❷ **자신의 음성 스타일을 개발해라.**
당신의 이야기를 다채롭게 만들기 위해서는 음성에 변화를 줄 필요가 있다. 소리를 크게 하면 강조할 수 있고 소곤거리면 주의를 환기할 수 있다. 빨리 말하면 청중을 흥분시키게 되고, 낮게 말하면 엄숙한 인상을 줄 수 있다. 때로는 쇼킹한 원색을 사용하고 때로는 차분한 색을 사용하는 등 음성에 변화를 줄 필요가 있다. 소리에는 개성이 있으며 그것은 그 사람의 트레이드 마크와 같은 것이다.

화법의 3요소

- 말의 속도 : 빠르다(긴장, 흥분, 노여움)-느리다(주의, 강조)
- 말의 강약 : 강하다(강조, 흥분)-약하다(주의)
- 말의 고저 : 높다(강조, 흥분)-낮다(중후, 엄숙, 경건)

❸ **마이크 사용법을 미리 익혀라.**
　① 마이크는 어떤 음이라도 받아들이기 때문에 사소한 잡음에도 주의한다.
　② 마이크 테스트를 할 때는 마이크를 똑똑 하고 가볍게 두드리고 기성奇聲을 내지 마라.
　③ 자동으로 볼륨이 조절되는 마이크의 경우 갑자기 큰 소리를 내면 볼륨 레벨이 떨어질 수 있으므로 주의가 필요하다.
　④ 마이크에 대고 말하는 것이 아니라 마이크를 통해서 청중에게 말을 건네는 기분으로 말한다.

❹ **대화식으로 풀어가라.**
많은 청중 앞에 서면 자칫 착각을 일으키기 쉽다. 즉 모든 청중을 대상으로 자기 육성을 직접 전달하려고 하는 것이다. 청중이 많아도 말이란 듣는 사람과 말하는 사람과의 1 대 1의 관계이다. 그러므로 청중이 많다고 해서 목소리를 지나치게 높여 고함을 치듯 할 필요는 없다. 평소 대화할 때의 분위기를 그대로 유지한다는 기분으로 말해라. 당신의 말을 모든 청중이 들을 수 있도록 크게 전달하느냐 아니냐는 당신의 몫이 아니라 마이크와 스피커의 몫이다. 프레젠터의 평소 화법에 문제가 있는 게 아닌 한 평소의 자기 스타일을 그대로 유지하면서 자연스럽게 대화하듯 강의하는 게 좋다.

청중 앞에서의 대중 화술을 감격조, 웅변조의 포효 절규형 화법으로 생각하던 시대는 끝났다. 물론 청중의 수가 대규모이거나 또는 분위기 고양을 위해 포효 절규형의 강의가 필요할 때도 있겠지만, 그렇더라도 시종일관 고함을 쳐대는 것은 절대 금물이다.
　오늘날 가장 바람직한 스피치 형태는 자연스러운 대화식 스피치이다. 따라서 평소처럼 리드미컬하고 물 흐르듯 말하되 발음을 좀 더 분명하게, 그리고 약간 천천히 말한다는 기분으로 강의하면 된다.

❺ 자신 있게 하되 겸손한 태도로 해라.
청중을 깔보는 식의 강의는 금물이다. 청중의 수준은 생각보다 높을 수 있으며 어느 분야에 있어서는 프레젠터보다 더 많은 경험과 해박한 전문 지식을 갖춘 이도 있을 수가 있다. 그렇다고 해서 강의 서두에서부터 "사실 저도 잘 모르긴 합니다만……"이라는 식으로 변명이나 사과를 하며 자신 없는 강의를 해서는 안 된다. 반면에 자신감이 지나쳐서 자기가 제일인 양 기고만장하거나 으스대는 것도 역시 꼴불견이다.
　사람들은 실력 있는 사람, 자신감 있는 사람을 존경하지만 그것을 과시하거나 내세우는 사람에게는 반감을 갖는다. 인간 심리의 미묘함이 이런 데 있다.
　강의 시간 내내 자기 자랑만 늘어놓아선 안 된다. 청중의 심리는 프레젠터의 자기 자랑에 큰 거부감을 느끼게 되어 있다. 강의 내용 중 청중에게 어필하는 것은 프레젠터의 성공적인 이야기보다는 실패담이고, 자랑보다는 부족한 에피소드이다. 충실한 강의 내용과 해박한 지식으로 종횡무진 청중을 사로잡되, 끝까지 겸허한 자세를 유지해야만 당신은 정말 멋진 프레젠터가 될 수 있다.

❻ 쉽게 말하되 평범하게 말하지 마라.

프레젠터의 말은 쉽게 이해할 수 있어야 하지만, 프레젠터가 너무 평범한 어휘와 쉬운 표현만을 구사하면 수준 낮은 프레젠터로 오인받는 수도 생긴다. 물론 시종일관 외국어나 전문 용어 또는 난해한 이론만을 들먹이는 것도 금물이다. 그러나 청중의 수준을 고려해 그에 걸맞은 용어나 어려운 수사를 가끔씩 동원할 필요도 있는 것이다.

강의의 효과는 심리 측면의 변수가 크게 작용한다. 설문 조사에 의하면 어느 프레젠터가 자기 자신도 잘 이해하지 못하는 어려운 이론과 전문 용어를 들먹이며 강의를 했더니 청중으로부터 "대단히 훌륭한 강의였다"라는 평가가 나왔다고 한다. 실질적인 의사 전달 효과는 어떠하든 간에 적어도 프레젠터에 대한 평판 내지는 이미지 연출의 측면에서 볼 때 전문 용어의 적절한 구사가 필요한 경우도 있다. 하지만 강의는 누구나 알아듣고 이해할 수 있도록 쉽게 표현해야 한다. 그러나 확실히 할 것은 표현은 쉽더라도 반드시 프레젠터 특유의 관점과 논리가 추가되어 번득이는 재치가 엿보여야 명프레젠터로서의 가치를 인정받을 수 있다.

❼ 열정을 가지고 진지하게 해라.

어떤 일이나 마찬가지이지만 강의 역시 열정을 가지고 진지하게 열심히 해야 한다. 지성이면 감천이듯이 강의도 열과 성을 다해 최선을 다하면 청중은 감동하게 마련이다.

빼어난 재주는 없을지언정, 나름대로 열심히 자료를 찾아내어 논리적으로 구성하고 그것을 제대로 전달하고자 하는 성의를 가지고 온몸으로 강의할 때, 그러한 성실성과 열정은 알게 모르게 청중에게 전달된다. 청중은 서서히 강의에 집중하게 될 것이며, 강의가 끝난 후에 비록 환호와 화려함은 없을지라도 프레젠터에 대한 호감은 남을 것이다.

강의는 연기다. 그러므로 때때로 배우와 같은 몸짓, 코미디언 같은 표정 연출도 필요하다. 그러나 강의 시간 내내 청중을 억지로 웃기기 위해 삼류 코미디로 일관해서는 안 되며, 행동거지나 말씨에 신경 써야 한다. 프레젠터에겐 내용의 전달 못지않게 청중에게 어떤 이미지를 심어주느냐도 중요하다. 재치와 순발력, 쇼맨십은 발휘하되 프레젠터로서의 품위와 인간적 성실함을 결코 해쳐선 안 된다. 강의는 열과 성의를 다해 진지하게 해야 한다.

강의를 통해 프레젠터의 의사를 보다 정확히 청중에게 전달하기 위해서는 꼭 필요한 줄거리만 가지고는 곤란하다. 따라서 적절한 의사 보충 방법을 사용, 청중의 이해를 돕고 흥미를 유발하도록 한다.

강의에 사용할 목적으로 수집된 예화가 예화의 조건을 충족시키지 못하더라도 강의의 성격이나 청중의 수준, 강의 시간을 고려해 각색함으로써 예화의 조건을 충족시킬 수 있도록 한다.

대개의 경우 예화 중에서 불필요한 부분은 과감히 생략해 보다 더 단순하고 인상적인 예화를 만들고, 그것의 표현 방법을 변화시켜 유머성을 높임으로써 쓸 만한 예화로 만든다. 이렇게 각색된 예화를 실제로 강의에서 사용할 때는 짧고 간결한 특수한 예를 하나 들어서 프레젠터의 의사를 직접적으로 보충하거나, 다방면에 걸친 여러 개의 유사한 예를 들어서 의사를 간접적으로 보충한다. 강의에서 효과적으로 활용할 수 있는 예화는 보편성, 공감성, 신선성, 유머성, 품위 등의

효과적인 의사 보충법

① 상세한 설명을 구체적으로 해주는 방법.
② 자신의 직접, 간접 체험을 예화로 사용해 청중의 이해를 돕는 방법.
③ 비슷한 이야기를 가지고 본래의 뜻을 쉽게 이해할 수 있도록 비유하는 방법.

조건을 갖추고 있는 게 좋다.

❽ 청중의 주의력을 사로잡아라.

강의 기법의 핵심은 수강자의 주의력을 집중시키는 데 있다. 프레젠터가 청중에게 자신의 생각을 명확하게 전달하고 이해시키기 위해서는 무엇보다도 청중이 프레젠터를 주목하고 경청하는 자세가 전제되어야 하기 때문이다.

청중의 주의력을 집중시키는 요령을 몇 가지 소개한다.

① 청중이 직접 몸을 움직여야 하는 실습, 롤플레잉 등을 강의와 자연스럽게 연결한다.
② 활기찬 목소리로 신나게 강의하며 어조의 강약, 완급을 변화 있게 구사한다.
③ 청중에게 적절한 질문을 던져 긴장의 이완을 방지한다.
④ 강조할 때 탁자를 두드리거나, 판서를 함으로써 주의 집중을 유도한다.
⑤ 유머, 퀴즈 등을 활용한다.
⑥ 심각한 이야기, 진지한 사례를 소개한다.
⑦ 연단 위에서 적당히 자리를 옮기거나 또는 단상에서 내려와 청중과의 접촉을 시도하는 등 연단 연출을 시도한다.

⑧ 시청각 교육 보조 자료를 활용한다.
⑨ 내용에 따라 청중의 복창을 요구한다.
⑩ 이상의 주의력 집중 요소를 강의 시간에 적절히 배분, 활용한다.

강의의 종결

시간을 지키는 것은 프레젠터로서의 절대적인 의무이다. "명프레젠터는 5분 늦게 강의를 시작하고 5분 일찍 끝낸다"라는 말은 10분 정도 강의를 단축해야 한다는 의미가 아니라 결코 주어진 시간을 넘겨서는 안 된다는 엄한 경고이다.

　강의에서 "시간이 다 됐지만 조금만 더 하겠다"라든가 "강의 준비는 많이 해왔는데 시간이 짧아서 이만 하겠다"라는 등의 변명은 통하지 않는다. 프레젠터는 주어진 강의 시간을 최대한 활용해 하고 싶은 말을 다 해야 한다. 특히 강의 종료 시간을 철저히 지켜주는 것은 중요한 강의 기법 중 하나이다.

강의의 기법

❶ Pre-Opening 기법
청중 중에는 교육 기피증으로 "또 연수야? 싫다! 싫어!", "어차피 또

졸리겠군!"이라는 부정적, 거부적 태도로 강의실에 들어오는 경우가 있다.

청중은 강의실에 들어와 가능한 한 뒤쪽에 앉고, 얼굴을 찡그리고, 딱딱하게 팔짱을 끼고 마치 고릴라와 같은 느낌으로 개강을 기다린다. 강의실 안은 딱딱한 분위기가 흐르고 주위에 아는 사람이 있으면 안심하는 듯한 눈으로 쳐다본다. 그래서 우선 연수 시작 전부터 무엇인가 조금이라도 분위기를 전환하지 않으면 안 된다. 그렇게 하기 위해 Pre-Opening 기법을 실시한다.

① 음악을 들려준다.
강의 전의 중압적인 분위기를 불식하기 위해 경쾌한 배경음악을 내보낸다. 그것만으로도 상당히 분위기가 바뀐다. 아무 음악도 없이 가만히 있으면 점점 어두운 분위기가 된다.

② 큰 소리로 인사를 한다.
청중이 들어오면 반드시 입구에서 "안녕하십니까? 오늘의 강사 ○○○입니다"라고 말하며 한 사람 한 사람에게 인사를 한다. 가능하다면 악수를 하는 것이 더 좋다. 또한 첫 대면이라면 명함을 교환해도 좋다. 강사와 청중이 개인적으로 좋은 관계가 되면 나중이 쉽게 풀린다.

③ 강의 전에 무엇인가를 시켜본다.

통상 청중은 10분에서 15분 정도 전에 교실에 들어온다. 그리고 물 끄러미 앉은 채로 강의를 기다리지만 청중으로서는 그 사이라도 흐트러지게 마련이다. 그래서 간단한 과제를 주고 시작할 때까지 무엇인가를 하게 하면 좋다. '청중 이력 카드'나 간단한 사전 앙케트를 나누어주고 기입하도록 해도 좋다.

앙케트를 다 쓴 후에도 5분이나 10분 정도 시간의 여유가 생기는 사람이 있다. 30분 정도 빨리 도착한 사람이 가장 긴 시간 동안 아무 것도 하지 않고 있다는 것은 결국 일종의 고통인 것이다. 이럴 때는 간단한 퀴즈나 퍼즐을 준비해 두뇌 체조를 하게 한다. 연수생들은 굳어져 있다. 마음속의 긴장, 스트레스를 풀기 위한 게임 등을 시도해 본다.

④ 간단한 차를 준비한다.

강의 전에 개개인의 책상 위에 차를 내놓는 것도 좋다. 사람 수가 많아 차를 내놓기가 어려운 경우에는 교실 뒤에 차를 마실 수 있는 테이블을 준비하고 알아서 마시도록 한다. 청중은 긴장감으로 목이 마를 수 있다. 차나 간단한 음료로 긴장을 풀어주면 좋다.

❷ Ice-Break 기법

앞에서 말한 바와 같이 연수가 시작되었을 때 청중은 거의 굳어 있게 마련이다. 긴장과 스트레스가 상당하다. 그러나 이것은 프레젠터(강사)도 마찬가지이다.

청중과 프레젠터 양쪽이 굳어 있어서는 수업을 진행하기 어렵다. 그러한 때 억지로 농담을 하면 오히려 흥이 깨지게 된다. 그래서 분위기를 부드럽게 하기 위해 기술이 필요하다. 그것이 소위 Ice-Break 기법이라는 것이다.

Ice-Break란 문자 그대로 얼음과 같이 차가운 교실의 분위기를 바꾸는 기법이다. 베테랑 강사는 이 Ice-Break에 상당한 시간을 투자해 교실의 분위기를 긍정적으로 바꿔놓는다. 여기서 몇 가지 Ice-Break 기법을 소개하니, 잘 연습해 리허설을 해두는 게 좋다.

이 Ice-Break는 딱딱하게 굳어 있는 청중의 신체와 마음 양쪽을 풀어주는 데 유용한 방법이다. 연수 초에는 모두 불안, 두려움, 부정적 감정만이 아니라 주위 사람이 누군지 알지 못하는 경우도 많아 상당히 긴장하게 된다. 따라서 신체를 움직여 긴장을 풀 수 있다. 신체가 굳어 있는 것을 풀어주는 것과 동시에 큰 소리를 냄으로써 스트레스가 해소되기도 한다. 방법은 전원이 일어나서 "준비, 시작"과 동시에 벨을 울린다. 그리고 청중은 주위 사람과 닥치는 대로 악수를 한다. "안녕하십니까?"라고 하며 악수를 하고 또 다른 사람에게도 똑같이 한다. 차례차례 여러 사람과 악수를 하게 한다. 15초가 지나면 벨을 울려 정지시킨다. 이 15초 사이에 일단 가장 많은 사람과 악수한 사람을 칭찬한다. 사전에 반드시 "여러분 15초 안에 가능한 한 많은 사람과 악수를 해주십시오. 그리고 몇 사람과 악수를 했는지 세어주시기 바랍니다" 하고 방법을 설명해준다. 두 번 정도 반복해 설명해도 웬만큼 철저하게 수를 헤아리지 않으므로 정확하게 규칙을 설명해준다. 대체로 15초에 열두 명 정도와 악수를 나눌 수 있다. 큰 소리를 내며 주변을 돌게 되므로 단번에 강의실의 분위기가 바뀌고 활기가 넘치게 되는 Ice-Break이다.

청중끼리 편안한 마음을 갖도록 하기 위해 '인터뷰 게임'을 실시하면 좋다. 이 인터뷰 게임은 서로 자기소개 하기와 같은 것으로 청중을 두 명씩 짝을 지어서 한 명당 2분씩 상대의 업무, 가정, 취미 등 여러 가지를 질문하고 듣게 하는 게임이다. 2분이 지나면 이번에는 상대 쪽에서 질문을 한다. 총 4분간의 게임이지만 이것을 실시하면 강의실의 분위기가 호조됨을 알 수 있다. 청중끼리 자기소개를 함에 따라 릴렉스 효과는 절대적이다.

강의, 세미나 등 첫 대면인 사람이 많이 모이는 경우라면 시도해보면 좋다. 상호 간의 사적인 것을 앎에 따라 더욱 화기애애한 분위기가 된다. 이 기법은 "창피한 느낌이 들어 싫다"라고 느낄 수 없을 만큼 모두가 실제로 즐겁게, 첫 대면인 사람끼리 적극적으로 하게 되므로 마음껏 실행해보면 좋다.

스킨십은 상호 간의 관계를 좋게 한다. 우선 청중 전원을 일어서게 한다. 그리고 "우향우" 하고 명령한다. 옆 사람과 짝이 되어 뒤에 서 있는 사람이 앞에 서 있는 사람의 어깨를 1분간 마사지하게 한다. 이 때 "이것은 주문 마사지입니다. 마사지를 받는 사람은 여러 가지로 주문을 해주십시오. 예를 들면 좀 더 강하게라든가, 조금 약하게, 또는 목 뒤를 주물러달라든가, 어깨를 주물러달라든가 하는 식으로 주문을 하는 겁니다"라고 말하고, "시작!" 한 뒤 시간을 잰다. 시간이 지나면 역할을 바꾸어서 같은 방식으로 1분간 마사지를 하게 한다. 이로써 학습 분위기는 아주 부드럽고 화기애애하게 된다.

앞의 인터뷰 게임 직후에 실시하면 좋다. "인터뷰 게임으로 자신의 주위 사람에 대한 많은 정보를 얻었을 것입니다. 그것을 어느 정도 기억하고 있는지 또한 그것을 얼마만큼 정확하게 다른 사람에게 전달할 수 있는가를 시험하는 것입니다"라고 말하고 전원 일어서게 한다.

우선, 옆 사람(파트너)의 손을 잡고 강의실 한가운데를 돌아다니다가 다른 조와 4인 1조가 되게 한다. 그러면 가위바위보를 해 먼저 소개하는 사람을 정하고 "시작"과 함께 자신의 파트너를 다른 조 두 사람에게 소개하게 한다. 1분이 지나면 벨을 울려 정지하게 하고 "이번 소개자 우측 사람은 자신의 파트너를 소개해주십시오"라고 하고 역시 1분간 소개하도록 한다. 차례대로 실시케 해 네 사람 모두를 소개하면 제자리에 돌아오게 해 종료한다. 이런 식으로 1분이라도 이야기를 하게 하면 청중의 스트레스는 해소된다.

❸ 교수법의 3대 규칙
청중을 졸게 하지 않기 위한 교수법으로 다음 3가지가 있다.

① 질문 던지기 Ask questions
② 구체적 사례 제시 Give examples
③ 적절한 타이밍 Tempo

대개 청중이 조는 것은 강의가 재미없어서이기도 하지만 또 한 가지 원인은 긴장감의 결여에 있다. 따라서 청중에게 긴장감을 주지 않으면 안 된다. 가장 간단히 긴장감을 주는 방법은 아주 '무서운 강사'가 되는 것이다.

예를 들면 인간관계에 대해 강의 중이라면, "여러분, 인간관계를 잘 하기 위해서는 어떻게 하면 좋을까요? 아무라도 좋으니까 손을 들어 주십시오"라고 전원에게 질문을 던진다. 이렇게 하면 거의 아무도 손을 들지 않는다. 그러나 질문을 받음에 따라 무엇인가를 답하려고 생각할 것이다. 이와 같이 전원에게 질문을 하고 생각하게 하는 것으로 학급의 긴장감은 적절히 높아지게 된다. 이어서 "어떻습니까? 어떤 것이라도 좋으니 인간관계를 좋게 하는 데 중요한 것, 무엇이 있을까요? 아무라도 생각난 사람은 손을 들어주십시오"라는 식으로 질문을 반복한다. 이것을 전원에게 질문을 던지므로 '전체 질문'이라 한다. 그래도 아무도 대답하지 않는 경우는 '개별 질문'에 들어간다.

"○○ 씨, 어떻습니까? 무엇이 좋다고 생각하십니까?"

질문을 하는 상대는 처음에는 반드시 '대답할 수 있는 청중'을 선정하면 좋다. 적극적이고 활기 있는 청중을 선택한다. 그러면 지명받은 청중은 자신의 생각을 답해 온다.

여기에서 중요한 것은 어떠한 대답이 나오더라도 절대로 청중을 부정하지 않는 것이다. 때로는 엉뚱한 대답을 하거나 문제에 해당되지 않는 답을 하는 사람도 있다. 그러한 경우라도 "그렇군요. 그렇게 생각할 수도 있네요", "아이! 그렇습니까? 그것도 재미있군요"라는 식으로 상황에 맞는 긍정적인 대응을 하도록 한다. 만일 청중의 생각을 부정하거나 엉뚱한 대답이라고 면박을 주면 그 사람은 다음부터는 절대로 발언을 하지 않으려 할 것이고, 여러 사람 앞에서 창피를 당했다고 생각해 강사에게 좋지 않은 감정을 갖게 된다.

뒤쪽을 보고 앉아 있는 사람이나 지각을 하는 사람처럼 적극성과 의욕이 없는 사람에게는 어떻게 하면 좋을까? 이와 같은 사람은 대체적으로 말하면 스트로크 부족으로 봐도 틀림이 없다. 따라서 무시하지 말고 가능한 한 플러스 스트로크를 주면 좋다. 예를 들면,

① 강의 중에 여러 번 웃는 얼굴로 눈을 맞춘다.
② 상식적인 간단한 지명 질문을 해 대답을 하면 칭찬한다.
③ 휴식 시간에 그 사람과 개인적인 이야기를 한다.

　이상과 같은 것을 반복함으로써 그 사람은 강사가 자신에게 우호적이라고 느낄 것이다.
　상대의 이야기를 듣는 것은 커다란 플러스 스트로크가 된다. 인스트럭터로서는 학급 전원의 능력 향상을 도모해야만 하므로 주의를 요하는 사람도 전력을 다해 끌어당겨야 한다.
　기본적으로 강사와 청중의 관계는 1 대 1이다. 강사는 청중에게 이야기를 건네지만 실제는 '청중'이라는 생물은 존재하지 않는다. 청중이란 한 사람, 한 사람이 모인 상태를 말하는 것으로 구성원은 자신을 한 사람의 인간이라고 생각하고 있다. 그러므로 항상 청중은 자신을 중심으로 자신에게 이야기를 걸어주었으면 하고 생각한다. 그래서 실제로 이야기를 거는 것이 '질문 방법'이다. 그렇지만 학급의 인원수가 많은 경우나 한 사람 한 사람에게 질문을 할 시간이 없는 경우는 '레토릭Rhetoric(수사학법) 질문'이라고 자문자답하는 것도 있다. 예부터 웅변가가 자주 사용해왔던 방법이다. 말이 유창하다고 생각되는 사람은 예외 없이 이 레토릭법을 많이 사용하고 있다.
　"현재, 미일 간의 중대한 문제는 무엇이라고 생각합니까? 그것은 무엇보다도 무역의 불균형입니다"라는 식으로 처음에 질문을 하지 않고 청중의 주의를 집중시키고 그 후 자신이 대답을 한다. 그러면 처음 질문의 단계에서 약간 긴장감을 줄 수 있다. 실제의 연수에 있어서는 이 ① 전체 질문, ② 개별(지명) 질문, ③ 레토릭 질문의 3가지를 적절히 혼합해 다이내믹하게 진행해가야 한다.

강의를 진행하는 방법의 3대 규칙 중 마지막은 템포(속도)이다.

"빠르게 가르치면 빨리 기억된다"라는 법칙이 있다. 강의실 내에서는 모든 것을 빠른 템포로 진행하라는 것이다. 질질 끌어서는 안 된다. 강사가 우물쭈물 하고 노트나 메모를 찾거나 OHP나 시각 자료의 작동에 시간이 걸리거나 유인물의 배포에 시간이 걸리면 강의실은 나른해지게 마련이다. 긴장감이 없어질 것이다.

모든 것을 솜씨 좋게 준비하고 연습을 하고 하나의 실수도 없도록 한다. 인간의 지각 능력은 재빠르다. 말하는 속도보다 귀로 듣는 능력이 훨씬 빠른 것이라고 하는 것은 아무리 빠른 속도로 이야기해도 청중은 다 들을 수 있다는 것이다.

가끔 이야기법에 관한 책을 읽으면 "천천히 알기 쉽게 이야기 할 것"으로 되어 있다. 이것은 틀린 것이다.

지금 텔레비전에서 인기 있는 사람들 중 말이 유창하다고 하는 사람은 예외 없이 템포가 빠르다. 개그맨 등도 대단히 템포가 빠르고 그것은 받아들여지고 있다. 물론 우리가 개그맨의 흉내를 낼 필요는 없지만 적어도 의도적으로 천천히 말하지 않는 것이 좋다. 평소처럼 속도 있게 강의를 진행하면 되는 것이다.

　대체로 템포가 있는 사람은 머리 회전이 빠르고 이지적인 이미지를 사람들에게 준다고 한다. 단 기관총같이 무미건조한 말을 상대에게 던지기만 해서는 차가운 인상을 주게 될 것이다. 정성을 다해 상냥하게, 상대에 대한 따뜻한 생각을 하지 않으면 안 된다. 그러므로 모든 강의에 있어서 "빠른 말씨와 강한 어조로 마구 지껄여댈" 것이 아니라 강의 중에는 줄줄이 화제를 제공하고 템포를 적절히 해 앞에서 진행해가는 것이 중요하다.

　청중을 졸지 않게 하는 하나의 방법은 눈을 감지 않게 하는 것이다. 결국 무엇인가를 보여주는 것이다. 눈을 뜨고 있게 하기 위해서는 무엇인가를 계속적으로 보여줄 필요가 있다.

　청중이 자버린다는 것은 강의가 너무 재미없다는 것이다. 무미건조한 단어, 추상적인 표현, 어려운 전문 용어, 숫자의 나열이 많으면 청중도 참을 수 없다. 가장 나쁜 경우는 원고를 그저 읽기만 하는 강의이다.

　가장 알기 쉽고 즐거운 강의를 목표로 하지 않으면 안 된다. 그렇게 하기 위해서는 무엇인가를 보여준다. 결국 시각물 Visual Aides 을 사용하는 것이 가장 효과적인 방법이다.

　펜실베이니아대학의 조사에 의하면 시각물을 사용한 강의는 다음과 같은 이점이 있다고 한다.

① 결론으로 유도하기 쉽다.
② 공감대를 얻기 쉽다.
③ 발표자에 대한 평가가 높다.
④ 청중에게 참가 의욕을 높인다.

그렇다면 강의를 진행할 때 어떠한 의도로 시각물을 보여주어야 하는지 다음과 같은 점을 생각해볼 수 있다.

① 청중의 주의를 끌어당긴다.
② 말에 의한 메시지의 보조로서 이용한다.
③ 즐겁고 알기 쉽게, 흥미를 끌기 위해 이용한다.
④ 말로는 설명하기 어려운 것을 도시圖示하기 위해 이용한다.

이상과 같은 경우는 반드시 시각물이 필요하다. 또한 반대로 말하면 다음과 같은 시각물은 피하는 것이 좋다.

① 자질구레한 그래프나 단순한 숫자를 나열하는 것.
② 시각물의 설명에만 의존하는 것.
③ 이것저것 여러 가지 요소를 어수선하게 담아 넣은 것.
④ 말로도 설명이 가능한 것을 일부러 도시하는 것.

익숙하지 않은 강사는 위와 같은 과오를 우습게 여겨 역효과를 내는 경우가 많다.

말과 시각물을 혼합하는 것이 가장 효율이 좋고 말로만 하는 강의는 거의 기억에 남지 않는다고 한다. 그러므로 기억에 남는 강의를 하기 위해서는 말로만 하는 강의보다는 시각물이나 그림을 이용해서 시각에 호소하는 것이 가장 좋다.

05 성공적인 프레젠테이션 법칙

● ● ●

"뛰어난 프레젠테이션 능력은 비즈니스에서 꽃과도 같다"라고 할 정도로 중요하다. 그러나 이러한 능력이 하루아침에 만들어지는 것은 아니다. 본인이 전달하고자 하는 분야에 대한 다양한 이론과 경험, 그리고 프레젠테이션 기술이 동시에 요구된다. 하지만 적지 않은 사람이 남들 앞에 나서기를 주저한다. 심하면 남들 앞에서 뭔가를 발표한다는 것이 죽기만큼 힘들다는 사람도 있다. 그러나 21세기는 커뮤니케이션 시대이다. 뛰어난 커뮤니케이션 능력이 당신의 가치를 더욱 높여줄 것이다.

프레젠테이션 시의 주요 문제점

❶ 주제가 불명확하다.

프레젠테이션에서 중요한 것 중의 하나는 목적성을 가지고 진행하는 것이다. 그 목적성을 이루기 위해서는 본인이 전달하고자 하는 주제가 명확해야 한다. 음성도 자세도 모두 완벽했다 해도 자신이 전달하고자 하는 주제가 불명확해 청중이 충분히 이해하지 못했다면 당신의 프레젠테이션은 실패한 것이다.

❷ 일방적인 전달자가 된다.

많은 발표자가 당황한 나머지, 마치 로봇처럼 굳어서 앵무새처럼 일방적인 발표로 마치는 경우가 있다. 뛰어난 발표자는 청중의 규모에 상관없이 마치 친구들과 이야기하는 것처럼 편안하게 이끌어간다. 눈맞춤이나 질의응답 등을 통해 청중과 함께 진행하는 프레젠테이션이야말로 우수한 발표라 할 수 있다.

❸ 시간 분배가 제대로 되지 않는다.

발표에 있어서 적절한 시간 분배는 매우 중요하다. 서론 부분에 너무 많은 시간을 소비한다든가, 또는 중요한 결론 부분에 시간을 충분히 배분하지 못해, 이제까지 잘 진행한 프레젠테이션도 망치는 경우가 있다. 내용의 경중이나 사안에 따라 미리 연습한 대로의 적절한 시간 분배는 대단히 중요하다.

❹ **설명이 명확하지 못하다.**
전달하고자 하는 내용에 대한 설명이 명쾌하지 못하고 오히려 군더더기가 많이 붙은 경우가 있다. 또한 설명이 논리 정연하지 못하고 우왕좌왕하는 경우도 있다. 이러한 문제점을 피하기 위해 전달하고자 하는 내용을 사전에 충분히 숙지한 후, 명쾌하게 설명할 때 청중으로부터 좋은 이미지를 얻을 수 있다.

❺ **글자만 읽는 경우가 많다.**
대중 앞에 서본 경험이 별로 없다든가, 프레젠테이션 실전 경험이 없다든가, 충분히 준비하지 못한 사람 가운데 OHP에 나타난 글자만 그냥 따라 읽는 경우가 많다. 우수한 발표자는 발표하고자 하는 내용에 대해 충분히 숙지하고 50 대 50의 비율로 즉, 50%는 차트를 보고 나머지 50%는 청중을 보면서 발표를 진행한다. 발표할 때 시선에 대한 적절한 분배는 간과해서는 안 될 사항이다.

❻ **아이 컨택트를 제대로 하지 않는다.**
우리의 정서상, 상대방의 눈을 직시하면서 이야기를 하는 것은 익숙

지 않다. 그러나 외국인들은 시선을 다른 데 두고 발표한다는 것은 상상하기도 힘들다. 이제 글로벌 시대를 맞이해 대인 관계나 프레젠테이션 때 시선 처리를 어떻게 해야 하는지 충분히 숙지할 필요가 있다. 우수한 프레젠터는 발표할 때 청중의 눈을 마주하며, 마치 같이 호흡하는 것처럼 진행한다. 또한 청중이 다수일 경우에는 시선 처리를 모든 청중에게 골고루 한다.

❼ **보충 설명이 없다.**

프레젠테이션 시 화면에 나타난 글자는 단순 명확해야 한다. 또한 참석자 누구에게라도 이해하기 쉽게 작성되어야 한다. 그러나 발표자는 이렇게 요약된 내용에다 자신이 숙지한, 또는 알고 있는 지식으로 부연 설명을 덧붙일 필요가 있다. 적절하면서도 충분한 이해가 되게끔, 플러스 알파적인 설명은 당신의 프레젠테이션을 더욱 빛나게 한다.

❽ **이해하기 힘든 문자를 쓴다.**

전문가들의 발표장이나 이해관계 수준이 비슷한 집단의 프레젠테이션 경우에는 전문 용어를 써도 큰 무리가 없다. 그러나 다양한 수준의 대중이 모인 장소에서 일반인도 이해하기 힘든 문자를 쓴다든가 어려운 영어를 사용하는 것은 오히려 청중으로부터 반감을 살 수 있다. 자신이 상대하는 청중의 수준이 어느 정도인가를 충분히 파악한 후 수

준에 맞는 어휘와 용어를 사용해, 청중으로부터 충분한 공감과 이해를 얻어내야 한다.

❾ 질의응답에 미숙하다.

프레젠테이션에서 가장 힘든 부분이 바로 질의응답 시간이라고 많은 사람이 이야기한다. 그러나 이것 또한 경험과 요령이 생기면 크게 어렵지 않다. 이에 대처하기 위해 먼저 리허설을 통한 예상 질문을 숙지한다. 가상 질문과 답변을 충분히 준비하는 것이다. 회사 동료나 앞으로 같이 작업하게 될 파트너에게 실전과 같이 질의응답에 대한 리허설을 해봐라.

회사 기밀이나 답변하기 곤란한 질문을 받았을 때는 당황하게 된다. 그러나 이러한 경우도 자신이 처한 입장을 솔직하게 이야기하는 것이 좋다. 예를 들어 그 질문의 답을 모른다면 "지금은 잘 모르겠으니 이 발표를 마치고 조사해 상세히 알려드리겠습니다"라고 이야기한다. 기밀 사항 등에 대해서도 "이것은 회사의 기밀이니 죄송하지만 말씀드릴 수 없습니다"라고 있는 그대로 말하는 것이 좋은 방법이다.

❿ 분위기가 딱딱하다.

딱딱할 것은 같은 발표장에서도 유머 감각은 대단히 중요하다. 청중의 충분한 이해를 돕기 위해서는 청중을 당신의 편으로 만들어야 한다. 청중이 부정적인 마음을 가진다면 아무리 당신이 명강연을 한다고 해도 귀에 들어오지 않을 것이다. 청중과의 거리감을 없애고, 청중에게 호감을 주는 방법 중의 하나가 바로 유머를 발휘하는 것이다. 당신의 멋있는 유머 한마디가 청중을 웃게 할 때, 이미 청중은 당신 편이다.

클라이언트를 내 편으로 만드는 프레젠테이션 법칙

옛말에 "지피지기면 백전백승"이라고 했다. 거래처 방문이나 영업, 상담 등에서 프레젠테이션 시 상대방이나 거래처에 대한 충분한 사전 지식은 성공적인 프레젠테이션을 위해 매우 중요하다. 그러나 실제로 많은 사람이 "대충 알고 가서 만나보면 무슨 좋은 수가 있겠지" 하면서 방문한다. 그러나 업무를 성공적으로 수행하기 위해서는 반드시 사전 조사를 철저히 하는 것이 좋다. 강한 자신감이나 확신에 찬 프레젠테이션은 충분한 사전 조사와 지식으로 무장되었을 때 나오는 것이다.

① 클라이언트는 누구이며, 핵심 인물은 누구인가?
② 클라이언트는 정확히 무엇을 원하고 있는가?
③ 최종 목적 달성을 위한 아킬레스건은 과연 무엇인가?

❶ SSE 기법을 잊지 마라.

① Simple

쉽고 명료하게 만들어라. 고객들은 대부분 복잡한 것보다 쉽고 간략하고 명료한 것을 선호한다. 거창하고 멋있게 보이려고 굳이 자료를 복잡하고 어렵게 만들 필요는 없다. 특히 참가하는 청중의 눈높이에 따른 자료 준비가 대단히 중요하다. 그러므로 항상 자료를 준비할 때도 고객의 입장에서 만들려고 노력하는 것이 좋다.

② Short

길게 하지 마라. 우리가 남의 이야기에 관심을 갖고 집중할 수 있는 심리적인 시간은 약 20~30분 정도이다. 뛰어난 프레젠터는 이러한 청중의 심리적인 면까지 고려해 진행하는 것이 좋다. 물론 진행하는 프로젝트나 그 업무 상황에 따라 약간씩 다를 수도 있을 것이다. 그러나 이러한 고객이나 청중에 대한 배려를 염두에 두고 진행한다면 보다 좋은 결과를 얻게 될 것이다.

③ Expensive

백화점의 고급 넥타이처럼 팔아라. 똑같은 품질의 넥타이라도 동대문 시장에서는 단돈 5천 원에 팔리고, 백화점 같은 곳에서는 5만 원에 팔리는 경우가 있다. 이렇게 가격 차이가 많이 나는 이유는 무엇일까?

또한 이렇게 가격이 비싼데도 불구하고 왜 사람들은 백화점으로 몰릴까? 같은 품질의 같은 물건이라도 어디에서 어떻게 어떠한 서비스로 파느냐가 매우 중요한 관건이다. 즉, 뛰어난 프레젠터는 최고의 서비스를 파는 전문가가 되어야 한다. 당신은 과연 얼마짜리 프레젠테이션을 팔고 있다고 생각하는가?

 "프레젠테이션에 대한 내용은 가치가 있어 보이는가?"
 "프레젠테이션 준비 자료에 깊은 정성이 들어가 있는가?"
 "진행하는 프레젠터의 자세 역시 품위가 있어 보이는가?"

❷ 열정적으로 전달해라.

① 확신에 찬 언행으로 전달해라.

상대방을 설득해야 하는 프레젠테이션에서 확신에 찬 언행은 대단히 중요하다. 사전에 제품에 대한, 또는 진행하는 프로젝트에 대한 충분한 조사와 더불어 풍부한 지식, 그리고 조직이나 회사에 대한 자부심을 갖는 것은 당신을 더욱더 당당하고 확신에 찬 프레젠터로 만들어줄 것이다.

② 최고의 전문가처럼 행동해라.

최고의 전문가는 태어나는 것이 아니라 만들어지는 것이다. "어느 날 자고 일어나 보니 최고의 전문가가 되어 있더라"라는 이야기는 소

설 속에나 있을 법한 이야기이다. 요즘같이 정보가 잘 발달되어 있고 경쟁이 치열한 구조 속 고객의 입장에서는 같은 값이면 다홍치마란 말처럼 최고의 전문가와 같이 일하기를 원한다는 것을 기억애햐 한다.

세계적인 자기 개발 전문가인 미국의 데일리 카네기는 프레젠테이션을 잘하는 방법 중의 하나가 바로 자신이 "전문가처럼 행동하는 것"이라고 했다. 이는 마치 당신이 프로 중의 프로인 것처럼 행동하라는 말이다. 이렇게 프로처럼 행동하다 보면 자신도 모르게 프로가 된다.

③ 뜨거운 열정으로 전달해라.

성공적인 프레젠테이션에서의 가장 중요한 요소 중 하나는 바로 열정이다. 그것도 단순한 열정이 아닌 용광로처럼 뜨거운 열정 말이다. 가슴에 손을 얹고 생각해봐라. 과연 나는 뜨거운 열정으로 프레젠테이션을 진행하는 사람 중의 한 사람인가?

❸ 6 대 4 원칙을 준수해라.

① You First - 상대방에게 먼저 기회를 주어라.

영업이나 상담 시 고객과의 대화에서 누가 먼저 이야기를 시작하는가? 당신이 무언가를 팔아야 하는 세일즈맨이거나 상대방을 설득해야 하는 입장이라면 과연 누가 먼저 이야기를 하는 것이 현명한지를 생각해볼 필요가 있다.

"고객은 왕이다"란 말이 있다. 진정 고객을 위한다면, 고객에게 이야기를 먼저 할 수 있는 기회를 주어라. 인간은 누군가와 대화할 때 자신의 이야기를 가장 잘 들어주는 사람을 좋아하는 심리를 갖고 있다. 즉 이는 그저 긍정적으로, 적극적으로 경청하는 것만으로도 상대방에게 깊은 신뢰감을 줄 수 있다.

② 6 대 4 – 상대방에게 더 많은 기회를 제공해라.

"제발 나도 이야기 좀 합시다. 당신 혼자만 이야기하지 말고!"
 간혹 주위에서 이야기를 진행하다 보면 이런 이야기를 듣게 된다. 얼마나 이야기를 하고 싶었으면, 또한 한쪽이 얼마나 이야기를 일방적으로 했으면 상대방이 이런 이야기를 할까 하고 생각해볼 필요가 있다. 현명한 세일즈맨이나 뛰어난 프레젠터는 대개 상대방에게 말할 기회를 더 많이 준다. 당신이 진정으로 상대방을 위한다면 상대방에게 10%의 말할 기회를 더 주어라. 그러면 당신은 실질적인 10% 이상의 그 무언가를 얻게 될 것이다.

❹ EOB 커뮤니케이션 법칙을 활용해라.

뛰어난 의사 전달자나 글을 잘 쓰는 작가는 그들 나름의 말하는 법이나 글 잘 쓰는 법을 갖고 있다. 상대방을 설득하는 가장 기본적이면서도 쉬운 방법이라 할 수 있는 것이 바로 커뮤니케이션의 EOB 법칙이다.

① E.(Example, 예화로 이야기를 시작한다)
특히 본인의 이야기나 실제 일어난 실화를 바탕으로 한 근거 있는 실례가 가장 좋다.(70~80%)

② O(Outline, 핵심 정리)
전달하고자 하는 내용을 간략히 핵심만 추려 정리한다.

③ B(Benefit, 이익)
전하고자 하는 이야기가 주는 이익이 과연 무엇인가? 과연 내가 하는 이야기가 상대방에게 어떤 이익을 주는가에 초점을 맞춘다.

❺ 쇼맨십을 활용해라.

① 온몸을 이용해 전달해라.
프레젠테이션에서도 죽은 프레젠테이션이 있고, 살아 있는 프레젠테이션이 있다. 여기에서 죽은 프레젠테이션이란 마치 의사 전달이나 표현에서 아무 감정이나 생기 없이 진행하는 프레젠테이션을 말한다. 반대로 살아 있는 프레젠테이션이란 의사 전달을 하는 프레젠터의 온몸에서 감정을 동반한 감동과 생기가 살아 넘치는 프레젠테이션을 말한다.
　TV의 연기자들은 자신에게 주어진 역할을 위해 혼신을 다해 연기하려고 노력한다. 그러한 연기야말로 수많은 시청자의 심금을 울리기 때문이다. 뛰어난 프레젠터가 되려면 온몸으로 의사를 전달하는 사람이 되려고 항상 노력해라.

② 5 대 5의 비주얼 법칙을 잊지 마라.

비주얼을 이용한 프레젠테이션 시 최소한 5 대 5의 법칙은 지키는 것이 좋다. 너무 비주얼만 보여주어서도 안 되며, 너무 청중만 보면서 진행을 해서도 안 된다. 비주얼을 이용한 프레젠테이션 진행 시에는 가능하면 최소한의 상기 법칙에 의거 50% 이상은 반드시 청중과 눈을 마주치면서 진행을 하는 것이 좋다. 그것도 단순히 마주칠 게 아니라, 마치 청중에게 당신이 지닌 뜨거운 감정을 호소하는 심정으로 전달해야 한다.

❻ 비주얼 자료를 준비해라.

① 객관적 근거나 증거물로 설득해라.

"Seeing is believing!", 즉 보는 것이 믿는 것이란 말이 있다. 청중이나 고객을 설득할 수 있는 좋은 방법 중의 하나는 바로 객관적인 근거나 증거를 갖고 상대방을 설득하는 것이다. 특히 비주얼 프레젠테이션 자료 준비 시에는 객관적인 자료를 준비해 설득을 하는 것이 좋다. 이때 중요한 것은 역시 가장 적절한 타이밍이다. 청중이 가장 공감을 얻을 수 있는 그때가 바로 가장 좋은 타이밍이다.

② 바구니 하나에 한 개의 계란만 담아라.

비주얼 자료를 준비할 때에는 한 장의 시트에 여러 개의 자료를 담는 경우를 흔히 보게 된다. 이는 오히려 청중에게 혼란만 가중시킬 우려가 있다. 한 장의 시트에 한 개의 비주얼을 담는 것이 청중을 설득하거나 이해시키는 데 매우 효과적이다.

③ 디자이너가 되어라(파워포인트 전문가가 되어라).

고객이나 청중은 당신이 만든 프레젠테이션 자료에 대한 모양만 보고도 선입관과 더불어 평가를 하는 경우가 있다. 그러므로 청중에게 좋은 선입관을 심어주기 위해서는 먼저 자료 준비에 있어서도 고객에게 깊은 감명을 줄 수 있어야 한다. 컴퓨터를 그만큼 잘 다루어 프레젠테이션 자료를 그만큼 세련되게 만들 수 있다면 이미 당신을 품격 있게 비싸게 팔 수 있다는 이야기가 된다.

"진정 프로처럼 대접받고 싶거든 프로처럼 보여라."

❼ 반복적인 연습을 해라.

① 리허설을 않고는 진행하지 마라!

"최고의 프레젠테이션은 최고로 잘 짜여진 각본임을 명심해라!"

강남의 한 세계적인 마케팅 회사인 A라는 회사에서 한 젊은이가 마케팅 세미나에 참석을 하게 되었다. 약 2시간 가량에 걸쳐 진행되는 강사의 뛰어난 프레젠테이션 능력을 보고 이 젊은이는 넋이 빠져 정신이 하나도 없었다고 한다. 마침 강사가 강의를 다 끝내고 이야기를 나눌 수 있는 기회가 있었다.

"강사님! 아니 어떻게 그렇게 프레젠테이션을 잘하십니까? 마치 저의 혼을 다 빼앗아 놓은 것 같습니다. 도대체 그 비결이 뭡니까?"

그 강사의 답변은 간단했다.

"선생님이 이 연단에 나와서 윤수일의 '아파트'라는 노래를 4년 동안 똑같이 계속 불러보세요! 선생님도 아마 진짜 생음악을 틀어놓은 것처럼 그 노래를 멋지게 잘 부르실 겁니다."

그렇다! 최고의 프레젠터가 되는 비결 중의 하나는 바로 반복적인 연습이다. 불안하다면 리허설을 해봐라. 동료 앞에서라도 상관이 없다. 가족들 앞에서면 어떠랴. 바로 당신이 최선을 다했을 때 돌아올 멋진 결과만을 생각한다면 말이다. 최고의 프레젠테이션은 최고로 잘 짜여진 각본과 같다는 점을 잊지 마라.

② 항상 1 대 1 커뮤니케이션을 명심한다.

청중을 하나의 집단으로 보아서는 안 된다. 흔히 "청중을 감자나 호박이라고 생각한다"는 무책임한 말을 하는 사람이 있지만 이것은 커다란 실수이다. 강의는 어디까지나 인간과 인간의 1 대 1 커뮤니케이션이며 마음과 마음의 접촉이기도 하다. 한 사람씩 3~5초간 눈을 맞취 이야기를 전달한다고 할 때, 결국 이 3~5초는 두 사람만의 시간이라고 생각해도 좋다. 좀 더 극단적으로 이야기하면 이때만큼은 당신이 보고 있는 사람 이외의 청중은 무시해도 상관없다. 청중은 어디까지나 한 사람 한 사람의 개인이 모인 것이라는 사실을 잊지 말자. 결국 한 사람씩 시선을 맞추고 한 사람씩 정중하게 설득해나가는 태도를 취하라는 것이다.

이러한 방식을 '1 대 1 커뮤니케이션법'이라고 한다. 이 방법에 의해 대인공포증도 극복할 수 있다. 대인공포증이 있는 사람은 많은 사람의 시선을 일시에 받는다는 사실에 공포심을 갖는다. 그러나 많은 사람의 시선을 의식하지 않고 지금 자신이 보고 있는 사람만을 생각한다면 말하기가 훨씬 수월해진다.

이 지그재그 응시법은 언뜻 간단한 듯하지만 실제로는 아주 어렵기 때문에 상당한 연습이 필요하다. 그러므로 끈질길 정도로 상대의 눈을 보고 이야기하는 연습을 하도록 해라. 습관이 되면 뭐든 어려울 게 없다.

반드시 알아야 살아남는 PT 기법

❶ 시간 설계가 가장 중요하다.
정해진 시간 안에 진행해야 하는 게 프레젠테이션의 숙명. 주어진 시

간보다 다소 짧게 프레젠테이션이 끝날 수 있도록 해라. 시간을 독촉받기 시작하면 프레젠테이션을 하는 사람이나 듣는 사람이나 프레젠테이션에 집중할 수 없다. 1페이지당 30초 정도로 계산하면 전체적인 프레젠테이션의 흐름을 매끄럽게 이끌어갈 수 있다.

❷ **프레젠테이션 환경을 미리 점검한다.**

프레젠테이션을 진행할 장소나 그곳의 장비 상황을 사전 점검해라. 준비한 내용을 얼마나 적절하게 전달할 수 있는지 미리 점검해야 한다. 한 번이라도 직접 가본 곳에서는 불안감이나 긴장도가 줄어드는 효과도 기대할 수 있다.

❸ **결론 → 본론 → 결론으로 구성한다.**

프레젠테이션 초반에 청중을 사로잡지 못한다면 절반은 실패한 셈이다. 초반에 결론을 전달하고 이에 대한 설명을 한 다음 다시 한 번 결론을 강조하는 패턴이 성공 프레젠테이션의 비밀이다.

❹ **키워드는 3~4개로 제한한다.**

정해진 시간 안에 전달하고 싶은 내용을 모두 전달하려면 그중에서도 가장 강조해야 하는 것, 가장 깊은 인상을 남길 수 있는 내용만을 선택해야 한다.

❺ **적절한 이미지를 사용한다.**

메시지를 추상적인 어휘로 설명해봐야 듣는 사람 입장에서는 알 수가 없다. 물론 기억할 수도 없다. 메시지를 구체화할 수 있는 방법을 강구해라. 적절한 이미지나 다이어그램으로 비주얼한 프레젠테이션이 되도록 한다. 청각과 함께 시각적인 자극을 함께 주면 이해하기도 쉽고 청중이 기억할 확률도 높아진다.

❻ **Q&A에 대처해라.**

Q&A에서 나올 수 있는 질문 리스트를 만들고 미리 답변도 준비해둔다. 모든 질문을 예상할 수는 없겠지만, 준비한 질문 중 하나라도 건진다면 자신감을 얻을 수 있고, 미처 준비하지 못한 나머지 질문에 대해서도 여유 있게 대처할 수 있다.

에 · 필 · 로 · 그

∴ 커뮤니케이션 장애 극복법

첫 번째, 자신 있게 말해라.

자신이 없을수록 목소리도 작다. 작은 목소리로 전달하는 불분명한 메시지는 그 내용이 왜곡되어 전해지기 쉽다. 그런 왜곡된 해석이 대인 관계나 비즈니스에 있어서 때로는 큰 손실을 가져올 수도 있다는 점을 명심하자. 경영자는 결코 목소리가 작은 사람에게 중요한 일을 맡기려 들지 않을 것이다. 그렇다고 지나치게 큰 목소리로 소리를 지르며 말하다 보면 공격적인 이미지를 주기 때문에 적을 만들기 쉽다. 목소리는 훈련으로 바꿀 수 있다. 발성 연습을 꾸준히 하면 된다. 아침에 눈뜨자마자 바른 자세로 10분 이상 신문이나 책을 큰 소리로 읽으면 효과를 볼 수 있다. 이때 입을 가능한 한 크게 벌리고 배에서 소리를 끌어올려 소리를 내는 것이 중요하다. 자동차를 운전할 때나 혼자 있을 때 배에 힘을 주고 연습해보면 도움이 된다.

두 번째, 자신 있는 태도를 가져야 한다.

삐딱하게 서 있거나 구부정한 자세는 소극적이고 자신감이 없는 사람으로 보이게 한다. 가장 당당한 자세는 허리를 꼿꼿하게 펴고 명치 끝을 살짝 올리는 자세다. 군인의 자세를 연상하되 목에 힘이 들어가서는 안 된다. 목을 부드럽게 하고, 팔은 가볍게 허리에 붙이되 지나치게 곧게 펴지 말아야 한다. 팔짱을 끼거나 허리에 양손을 올려놓는 것은 거만해 보일 수 있다. 가장 보기 흉한 자세는 허리는 구부정하고 목에만 힘을 주는 것이다.

세 번째, 머리를 한쪽으로 끄덕이거나 뒤로 젖히는 자세는 오해를 불러일으킬 수 있다.

머리를 자주 끄덕이다 보면 본의 아니게 상대의 말에 동의하는 것처럼 비칠 수 있다. 상대의 말을 받아들이지 않을 생각이라면 함부로 웃어서도 안 된다. 한국 남자들의 지나친 무표정을 개선하기 위해 일부에서는 미소를 생활화하라고 가르치고 있지만, 모든 부분에 통용되는 공식은 아니다. 비즈니스맨이라면 불필요한 곳에서 웃기보다는 차

라리 무표정한 편이 낫다. 적절치 않은 순간에 웃으면 경솔해 보이기 때문이다. 웃음을 적절하게 조절할 줄 알아야 한다.

네 번째, 문단으로 말하지 말고 문장으로 말해라.

가능한 한 요약된 표현을 사용해야 한다. 길게 말하는 사람 치고 뼈 있는 이야기를 하는 사람이 없다. 간단하게 메시지의 핵심을 전해야 알아듣기 쉽다. 그러므로 긴 문장을 이어가며 말하지 말고 단문으로 간추려서 말하는 습관을 길러야 한다. 한 가지 내용을 말하면서 지루하게 사족을 달면 핵심을 놓치기 쉽다. 이를 고치려면 소형 녹음기로 평소의 대화 내용을 녹음해두었다가 직접 들어보기 바란다. 자신이 얼마나 불필요한 말을 많이 하는지 금방 알 수 있을 것이다. 내용을 녹취해서 다듬으면 조리 있게 말하는 요령을 터득하게 된다. 당신이 말할 때 다른 사람들이 인내력을 발휘하고 있는지 평소에 유심히 살펴볼 필요가 있다.

다섯 번째, 말하기는 글쓰기와 다르다.

말은 글과 달라서 지속성이 없기 때문에 어렵게 말하면 순간적 전달이 어려워진다. 쉽고 간결하게 말해야 한다. 어려운 단어를 골라 쓰려 하다 보면 정작 중요한 내용을 놓치는 경우도 있다. 수식어가 많거나 문장이 복잡한 것도 금물이다. 가능하면 단문으로 말하는 습관을 길러야 한다.

여섯 번째, 긍정적으로 말해라.

같은 말이지만 "나쁘다"와 "좋지 않다" 사이에는 엄청난 차이가 있다. 가령 회사에 문의 전화를 건 고객에게 "그건 우리 부서 소관이 아닌데요"라고 말하는 것보다 "저보다는 아무개 씨가 더 잘 알고 있는데 전화를 돌려드릴까요?"라고 말하는 편이 좋다. 긍정적인 표현은 노력하는 사람의 성실한 이미지를 대변한다. "안 된다"보다는 "노력해보겠다", "잘 모르겠다"보다는 "알아보겠다"가 좋은 인상을 준다는 걸 잊지 말자.

일곱 번째, 남의 말을 열심히 들어주는 사람이 말도 잘한다.

남의 말을 제대로 해석하지 못해 동문서답을 하는 사오정의 특징은 남의 말을 건성으로 듣거나 부분만 듣는 습관을 갖고 있다는 것이다. 우리나라 남성 중에는 상대가 말을 하는 동안 한눈을 파는 사람이 의외로 많다. 그래서 두 사람이 앉아서 이야기를 하다 보면 불편한 경우가 많은 것이다. 지루하더라도 열심히 들어주는 노력이 필요하다. 상대편 말을 제대로 해석하는 훈련이야말로 말을 잘하기 위한 훈련이다.

여덟 번째, 이야기 소재를 늘 준비해두어야 한다.

어떤 소재의 이야기에도 코멘트를 할 수 있는 사람이 리더가 된다. 미국의 비즈니스맨들은 신문의 만화 내용까지도 열심히 본다고 한다. 유머를 생활화할 수 있으면 적절한 화젯거리를 만들 수 있기 때문이다. 관찰력을 가진 사람은 일상생활에서 보고 느낀 점도 재미있게 요리해 이야기의 소재로 사용하는 재주가 있다.

아홉 번째, 이름을 외워두어라.

낯선 사람도 자신의 이름을 불러주면 친밀감을 느끼게 된다. 이름과 인상의 특징을 잘 기억하면 그만큼 커뮤니케이션이 쉬워진다. 잘 외우기 위해서는 반드시 만남이 끝난 즉시 수첩에 특징과 이름을 적어둘 필요가 있다.

열 번째, 여러 사람이 모인 곳에서 절대 이야기를 독점하지 마라.

이야기를 독점하는 사람은 적개심을 불러일으킨다. 이야기를 독점하면 다른 사람으로부터 정보를 얻을 수 없고, 그런 사람은 아무리 유능하더라도 고립되고 만다. 여러 사람이 모인 곳에서 말하기를 주저하는 사람에게 말할 기회를 만들어주는 사람이야말로 진정 커뮤니케이션에 능한 사람이다.

성급한 결과를 바란다면 커뮤니케이션 훈련은 지루하고 힘들게 느껴질 것이다. 결과에 연연하지 않고 수시로 시간을 투자해 꾸준히 정진하는 사람만이 성과를 얻을 수 있다. 위에 제시된 문제 해결책 가운데 가장 시급하고 쉬운 것을 찾아 차근차근 하나씩 실천에 옮겨보기 바란다.

성공 화술 백서

초판 1쇄 2007년 2월 20일
지은이 윤치영
펴낸이 김영재
펴낸곳 책만드는집

주소   서울 마포구 합정동 428-49 4층 (121-886)
전화   3142-1585·6
팩시밀리 336-8908
전자우편 chaekjip@chol.com
등록   1994. 1. 13. 제10-927호

ⓒ 윤치영 2007
지은이와의 협의에 의해 인지를 따로 붙이지 않습니다.
잘못된 책은 구입하신 서점에서 바꾸어드립니다.

ISBN 978-89-7944-258-8 (03810)